親子でいっしょに始める 覚える

少年野球 スコアのつけ方

監修　一般社団法人 日本野球機構

日本文芸社

はじめに

本書を手に取っていただき、ありがとうございます。皆さんの中には、「野球のスコアを書くのは難しい」と思っている方も多いのではないでしょうか。確かに野球のルールは複雑で量も多いです。しかしながらこれら全てを把握していないと野球のスコアは書けないかというと、そんなことはありません。

まず、野球のスコアを書くという作業は、目の前で選手達によって起きたプレイと、それに対して審判員が下したジャッジを一つ一つ記録していくことです。そしてこれらの野球の試合で起きるプレイには全て理由があります。例えば打者が一塁に生きたのは打球の強さなのか守備側の捕球ミスなのか、一塁走者が二塁に進んだのは投手の投球がそれたからか捕手が逸らしたからか、二塁走者が三塁を回って本塁へ得点したのは次打者の打撃によるのか守備側の送球ミスなのか。

このようにプレイの理由を一つずつ考えると、それほど難しくはなさそうな気がしてきませんか。稀に想定外の悪送球や守備妨害といったプレイが起きるかもしれないですが、その時はプレイが止まった時にじっくりと考えればいいのです。そうして全てのプレイの理由を明確にする作業を繰り返し記入することで、1試合のスコアが完成します。

本書は少年野球の試合時にスコアをつける方々に向けた1冊です。少年野球のスコアラーは基本的にベンチに入ります。選手や監督のすぐ近くで試合に参加することで、グラウンドの外からの応援だけでは味わえない醍醐味を経験していただければと思います。

それでは、本書を読んでスコアを書く準備をしましょう。せっかく書くのであれば、あとで見る人にもわかりやすいほうがいいですね。そのためには統一された法則が必要となりますので、それらを紹介していきたいと思います。

C O N T E N T S

親子でいっしょに始める 覚える
少年野球 スコアのつけ方

1章 野球のスコアブックとはどんなもの？

2章 はじめに覚えておきたい! スコアの基本

3章 スコアの記号やアルファベット

4章 スコア記入の応用

5章 スコア記入をもっと知ろう

本書の特徴

野球スコアの記入方法や記号には様々なものがあります。
本書では、記入方法は「早稲田式」を採用しています。
また同じ早稲田式でも、記号がチームによって違います。
現在、全日本野球協会（BFJ）が記号の統一化を進めていますが（118ページ参照）、
本書では、現時点でもっとも広く知られている
記号を採用して紹介します。

特徴❶ 野球をまったく知らない親御さんに向けてゼロから解説!

お子さんが少年野球を始め、チームのお手伝いをしているなかで、チーム指導者からスコアラーになってほしいと頼まれることがあります。野球をほとんど知らない初心者でも、自信を持ってスコアラーを務めていけるように、本書ではスコアのつけ方をゼロから解説していきます。

特徴❷ 少年野球で実際にあった事例を使って解説!

現在、スコアラーをしている親御さんに話を聞くと、少年野球の試合は様々なことが起こるようです。そこで、試合で実際に起こった事例を使いながら解説していきます。まずは、基本の書き方を覚えていただき、小学生に起こりがちな実践プレイの記入法もたくさん紹介します。

特徴❸ プロの公式記録員のアドバイスも掲載!

少年野球のベテランスコアラーの親御さんの声を拾いながら解説していますが、本書監修者のプロ野球の公式記録員のアドバイスも掲載しています。スコアのプロが何を心がけながら、試合を観ているのか、起こった事例にどう対処してるのかを確認しましょう。

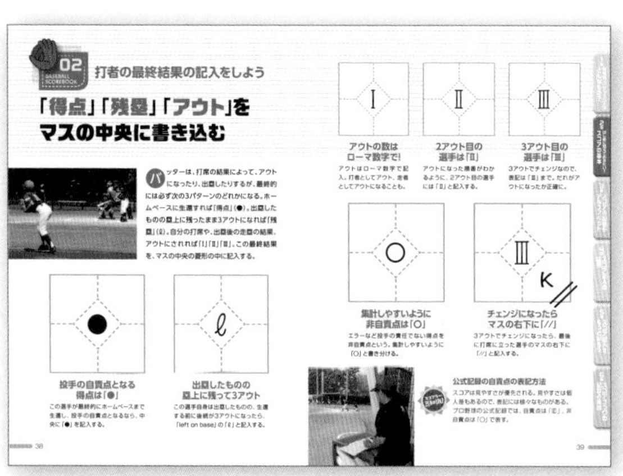
02 BASEBALL SCOREBOOK 打者の最終結果の記入をしよう

「得点」「残塁」「アウト」をマスの中央に書き込む

バッターは、打席の結果によって、アウトになったり、出塁したりするが、最終的には必ず次の3パターンのどれかになる。ホームベースに生還すれば「得点」（●）。出塁したものの塁上に残ったまま3アウトになれば「残塁」（ℓ）。自分の打席や、出塁後の走塁の結果、アウトにされれば「Ⅰ」「Ⅱ」「Ⅲ」。この最終結果を、マスの中央の菱形の中に記入する。

投手の自責点となる得点は「●」
この選手が最終的にホームベースまで生還し、投手の自責点となるなら、中央に「●」を記入する。

出塁したものの塁上に残って3アウト
この選手自身は出塁したものの、生還する前に後続が3アウトになったら、「left on base」の「ℓ」と記入する。

アウトの数はローマ数字で!
アウトはローマ数字で記入。打者としてアウト、走者としてアウトになることも。

2アウト目の選手は「Ⅱ」
アウトになった順番がわかるように、2アウト目の選手には「Ⅱ」と記入する。

3アウト目の選手は「Ⅲ」
3アウトでチェンジなので、表記は「Ⅲ」まで。だれがアウトになったか正確に。

集計しやすいように非自責点は「○」
エラーなど投手の責任でない得点を非自責点という。集計しやすいように「○」と書き分ける。

チェンジになったらマスの右下に「//」
3アウトでチェンジになったら、最後に打席に立った選手のマスの右下に「//」と記入する。

公式記録の自責点の表記方法
スコアは見やすさが優先される。見やすさは個人差もあるので、表記には様々なものがある。プロ野球の公式記録では、自責点は「㊣」、非自責点は「○」で表す。

38　39

※「全日本軟式野球連盟」では、中学生による野球を「少年野球」と定義し、小学生の野球は「学童野球」と呼んでいます。ただし、本書では一般的に「少年野球」と聞いてイメージするであろう「小学生が行う野球」に沿う内容を中心に作成しました。

1章

野球のスコアブックとはどんなもの？

スコアブックには、小さなマス目がたくさん並んでいる。この章では、それぞれのマス目の意味や、スコアブックを記入するときに用意しておきたいものなどを説明していこう。

スコアブックとはなんだろう?

試合がどうやって進んだかを記入するのがスコアブック

大事な場面でホームランを打って大活躍した

スコアブックのホームランを打った選手の欄に、どんなカウントで、どこに打ったのかを記入する。

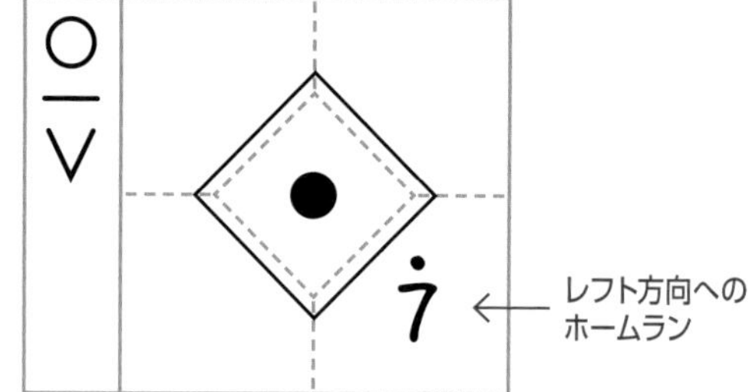

ピンチでピッチャーが交代した

スコアブックのピッチャーの欄には、投球回数や球数など様々な数字を記入する。

		氏名	勝負	セーブ	投球回数		打者	打数	投球数	安打	本塁打	犠打	犠飛	四球	死球	三振	暴投	ボーク	失点	自責点
投手	先発	山本			3	2/3	18	12	58	4	1	0	1	5	0	3	1	0	3	3
	2	西田	0		1	/3	5	4	21	1	0	0	0	1	0	0	0	0	0	0
	3	下田			0	2/3	2	2	6	0	0	0	0	0	0	2	0	0	0	0
	4	加藤			1	2/3	7	6	30	1	0	0	0	1	0	1	0	0	0	0
	5					/3														
	6					/3														

3回 2/3まで先発が投げた

スコアブックとは、打撃結果や投球内容などを記入する記録用紙のこと。2ページで1セットになっていて、1試合分を書き込める。スコアブックを見れば、実際に試合を見ていなくても、どんな試合だったのか、誰が活躍したのか、ということを知ることができる。様々な記入方法があり、独自にアレンジしたものが広まったりもしている。主に早稲田式と慶応式がある。

スコアブックの記入方法には大きく分けて早稲田式と慶応式がある!

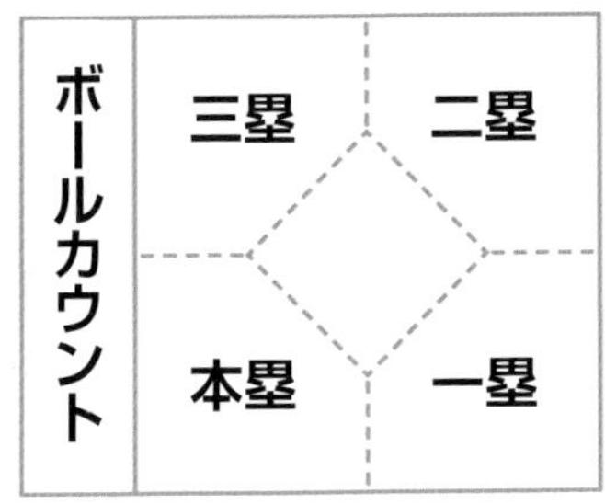

早稲田式

一般的な記入方法。市販されているスコアブックも多い。視覚的に試合内容を追えるのが利点。本書では早稲田式の記入を解説する。

ボールカウント

二塁　一塁

三塁　本塁

慶応式

プロ野球で採用されている記入方法。単純な記号で記入するので、集計しやすいのが利点だ。

早稲田式の統一化が進む

慶応式と比べて、早稲田式は一般に広く浸透している。その反面、所属組織などによって記号が異なっている。その統一化が進められている。

スコアラーの役割

スコアブックを記入するのがスコアラーの仕事だ

スコアを記入する場所

試合中にベンチに入れるのは、選手、監督、コーチ、そしてスコアラーだ。試合を戦っている選手たちに、一番近い位置から試合を見られるという特権がある。

試合会場によって違う環境

少年野球では、試合を行うグラウンドも様々。スコアラー用の机があればいいが、ないことのほうが多い。だからどんな環境でも仕事ができる準備が欠かせない。

スコアブックを記入する人を、スコアラーと呼ぶ。つまり本書を読んで、勉強しようとしている皆さんのこと。本書でスコア記入の基本を覚えて、スコアラーとしてデビューするのが目標だ。チームに何人かのスコアラーを決めておいて、交代で務めるのが一般的。スコアラーは選手と同じようにベンチに入れるという特権があり、座るのは監督の横が一般的だ。

試合に参加、貢献する

前の打席の結果や、どこへどういう打球を打っているかというのは、すぐに活用できる情報だ。慣れてくれば、こうした情報を監督やコーチに伝えて、試合に参加、貢献もできる。

見やすい位置を確保する

プロ野球の公式記録員には、試合が見やすい特等席が与えられていると思うかもしれないが、地方試合や2軍戦は実はそうでもない。次のバッターが球場のガラスに自分の姿を映して素振りを始めると、それが公式記録員の目の前だったりすることも。まずは見やすい位置を確保しよう。

スコアブックを活用しよう

自チームの改善や取り組み 敵チームの分析に役立てる

打順	シート(先発)	先攻	背番号	1	2	3	4	5	6	7	8	9	10	11	12
1	2 6	渡邊	10	S' ○ (3) 7-8	Ⅱ K		S'' ○ (2) B								
2	6 5	天野	33	Ⅰ K	Ⅲ 4F		WP' S''' ○ PB 8								
3	4 PH 4	柿内 茂原	39 40	○ (4) 9		Ⅰ F7	Ⅲ F5								
4	9 1	松村	32	S'' ○ (5) 5-E3		Ⅱ 5-3		Ⅰ K							
5	1 3	津覇	36	S''' Ⅲ 8		Ⅲ 1-3		Ⅱ 5-3							
6	8	千葉	37	Ⅱ 1			Ⅰ 1-3	Ⅲ 5F							
7	3 9	山崎 藤本	35 57	ℓ S''' B			S' ○ (8) B								
8	7 PR 7	篠崎 根本	34 20		Ⅰ F2		PB' ○ (2) 8-9	PR 根本							
9	5 2	谷 松下	38 45		S'' S' ○ WP B		Ⅱ F7								
合計 安打・四死球・失策				3 1 1	0 1 0	0 0 0	2 2 0	0 0 0							
得点				3	1	0	4	0							
投球数				24	17	13/32	30	9							

打順	先攻	打席数	打数	得点	単打	二塁打	三塁打	本塁打	塁打数	得点打	盗塁	盗塁刺	犠打	犠飛	四死球	三振	残塁
1	渡邊	3	2	2		1					2				1	1	
2	天野	3	3	1	1					2	1					1	
3	柿内 茂原	2 1	2 1	1			1			1							
4	松村	3	3	1						1						1	
5	津覇	3	3			1				1	1	1					
6	千葉	3	3														
7	山崎 藤本	2 0	0	1											2		1
8	篠崎 根本	1 1	1 1	1		1				1							
9	谷 松下	2 0	1	1											1		

投手	氏名	勝負	セーブ	投球回数	打者	打数	投球数	安打	本塁打	犠打	犠飛	四球	死球	三振	暴投	ボーク	失点	自責点
先発	津覇			2 /3	10	9	40	2	0	0	0	1	0	4	0	0	2	2
2	松村			3 /3	12	10	36	1	0	0	0	2	0	6	0	0	0	0
3				/3														
4				/3														
5				/3														
6				/3														

捕手 氏名	逸球	打撃妨害	許盗塁	盗塁刺
渡邊				
松下				

長打	二塁打	三塁打	本塁打
氏名	渡邊 根本 津覇	柿内	

選手の特徴や打撃傾向が スコアブックでわかる

ファーストストライクを振っているなら、積極的なバッターかもしれない。追い込まれてからファウルで粘って四球を選んでいたら、選球眼がよさそう。右バッターで、ヒットやフライが左方向ばかりへ打っていたら引っ張り系のバッターだろう。スコアブックを見れば、選手の特長や傾向が見えてくる。

スコアブックは、チームの特徴や戦術、選手の長所や短所を知るのに役立つ。自チームについて見直せば、うまくいかなかったところを反省材料として、どういう練習に取り組むべきかが見えてくる。敵チームのスコアブックを見れば、戦略・戦術を立てるときの材料になる。スコアブックは、継続して記入し続けることによって、その価値はどんどん上がっていく。

数試合分を集計してモチベーションを高める

打率や打点といった数字は、1試合だけではデータになりづらいが、一定期間の記録を集計することで意味を持ち始める。このデータを、練習に取り組むモチベーションにすることもできる。

弱点を見つけて反省材料にする

ピッチャーならボールが先行して、球数が多いといった弱点が見えてくる。こうした弱点が分かれば、コントロールを高めるなど、ピンポイントで練習に取り組める。

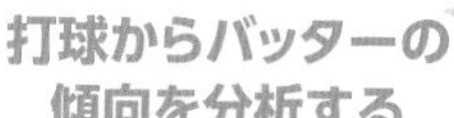

打球からバッターの傾向を分析する

フライが多い、ゴロが多いといったことから、打順だけではわからない打者のバッティング傾向がわかる。

吹き出しを入れると見返すときに便利

「ファインプレイ!」や「惜しい!」など吹き出しを入れておくと、スコアブックが生き生きしてくる。プレイをイメージしやすく、見返すときに役立つ。

スコアラーはやりがいのある仕事

スコアブックをつけるのは大変だけど、とてもやりがいのある仕事だ。監督やコーチがスコアを活用してチームが勝利を収めれば、応援しているだけでは味わえない喜びが得られる。

最低限の野球のルールを覚える

バットでボールを打って出塁 ベースを一周すると得点だ

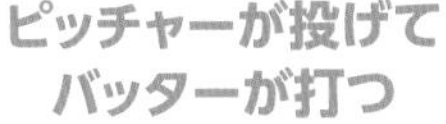

ピッチャーが投げて バッターが打つ

野球は、両チームが交互に攻撃を行って、得点を奪い合うゲームだ。攻撃とは、守備側のピッチャーが投げたボールを、バッターが打つこと。その打球によって、アウトになったり、セーフになったりする。

ストライクが3つで 三振になる

バッターにはストライクゾーンという目に見えないエリアが設定されていて、そこをピッチャーが投げたボールが通過したり、バッターが空振りしたりするとストライクになる。ストライクは3つで三振になる。

ストライクゾーン

ボールは4つでフォアボールになる

ストライクゾーンを外れると、ボールになる。ボールが4つで四球となり、バッターは安全に一塁が与えられる。

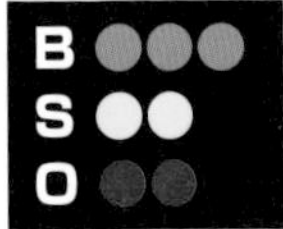

スコアブックをつけるために、まずはルールを知らなければならない。とはいっても、野球のルールは、他のスポーツと比べて、複雑で、多岐に渡っている。初心者がルールブックを読んでも、理解するのは難しい。そこでまずは、スコアブックの記入に必要な最低限のルールだけでも覚えよう。難しいルールは、試合を見ていて疑問があったら、その都度勉強していけばいい。

バッターが早ければセーフ 送球が早ければアウト

バッターはボールを打ったら一塁へ走る。守備側はゴロを捕って一塁へ送球。どちらが早いかによって、アウト、セーフが決まる。

一塁、二塁、三塁と進み 本塁へ帰ると得点になる

ランナーは、一塁から二塁、二塁から三塁と、先へ先へと進塁することを目指す。途中でアウトにならずに、本塁まで帰れば得点になる。

フライになった打球を ノーバウンドで捕ればアウト

バッターが打ち上げた打球のことをフライという。守備側の選手が、フライをノーバウンドで捕ると、アウトになる。

アウトが3つで 攻守交代「チェンジ」

アウトが３つで、攻守が交代する。これを「チェンジ」という。攻撃側は、3アウト前に得点を狙う。守備側は、その前に3アウトを目指す。

同時はセーフ

ランナーが早ければセーフ。送球が早ければアウト。では同時は？ ルールブックには「打者走者が一塁に触れる前に、その身体または一塁に触球された」らアウトと書かかれている。つまり「同時ならセーフ」ということになる。

ゲームの流れを知ろう

出塁～進塁～得点から チェンジまでの流れ

ある試合の1イニングの流れ

― 1回表 ―
一番 A選手

レフトへのフライを打つ。レフトはフライを直接キャッチしようと追いかけるが、届かずワンバウンドする。A選手はヒットで出塁成功。

《スコアの書き方》

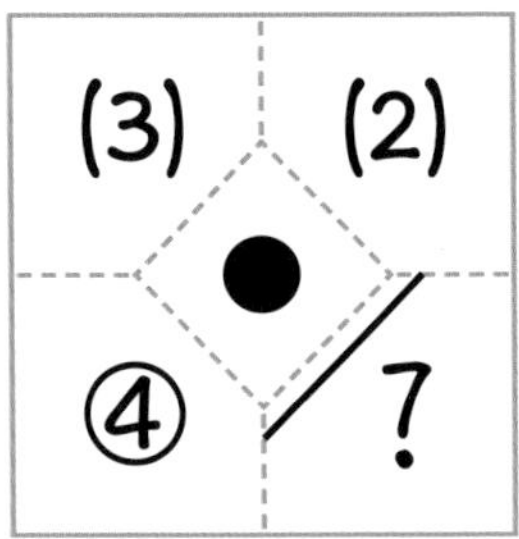

レフト前ヒット
…7

― 無死一塁 ―
二番 B選手

サードへのゴロ。サードは二塁へ走るA選手をアウトにしようと、ベースカバーのセカンドへ送球するが、A選手の方が早くセーフ。

《スコアの書き方》

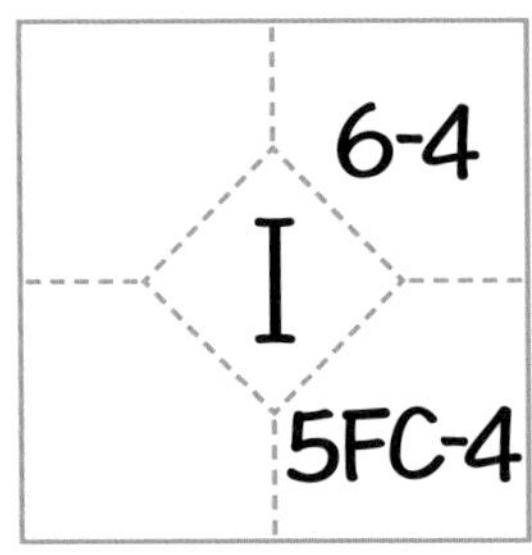

サードのフィルダースチョイス
…5FC-4

― 無死一・二塁 ―
三番 C選手

ショートへのゴロを打つ。ショートは捕球して二塁ベースカバーに入ったセカンドへ送球する。ランナーのB選手よりも早かったので、アウト。

《スコアの書き方》

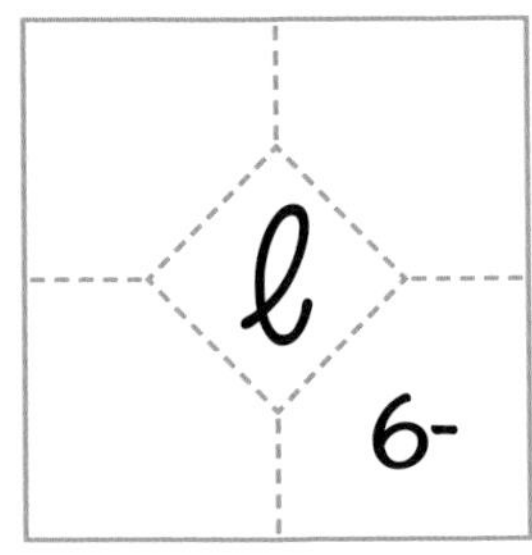

ショートゴロ
…6-(4B)

野球はルールが複雑なので、説明だけではピンとこないかもしれない。そこで、具体的にどうやってランナーは出塁し、進塁し、得点が入り、チェンジになるのか、シミュレーションしてみよう。ポイントは、スコアラーが追うのは、プレイの結果であること。アウトかセーフかを判断するのは審判の役割。基本的には、選手がどうやって出塁したかを見て記入すればいい。

— 1死一・三塁 —

四番 D選手

ライトへのフライを直接キャッチし、D選手はアウト。三塁ランナーのA選手は、タッチアップし送球よりも早く本塁へ到達したので1点。

《スコアの書き方》

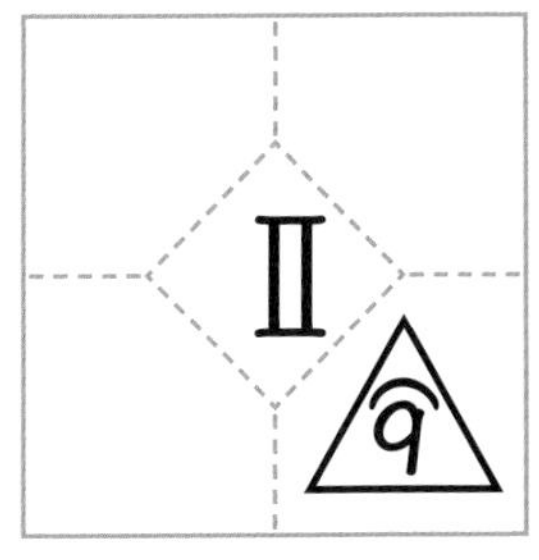

ライトへの犠牲フライ
…⑨

— 2死一塁 —

五番 E選手

一塁ファウルグラウンドへのフライを打つ。ファーストはフライを直接キャッチしたので、E選手はアウト。

《スコアの書き方》

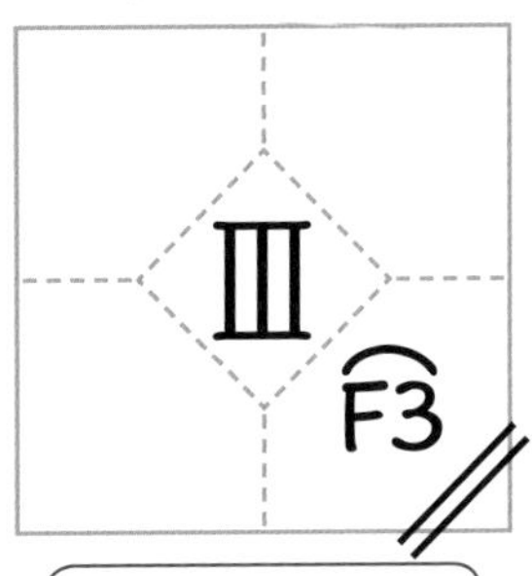

ファーストへのファウルフライ
…F3

3アウトになったので攻守交代

— 1回裏 —

一番 a選手

3アウトになったので、チェンジになる。今度は後攻のチームの攻撃。一番から打席に入る。結果は三振で1アウト。

《スコアの書き方》

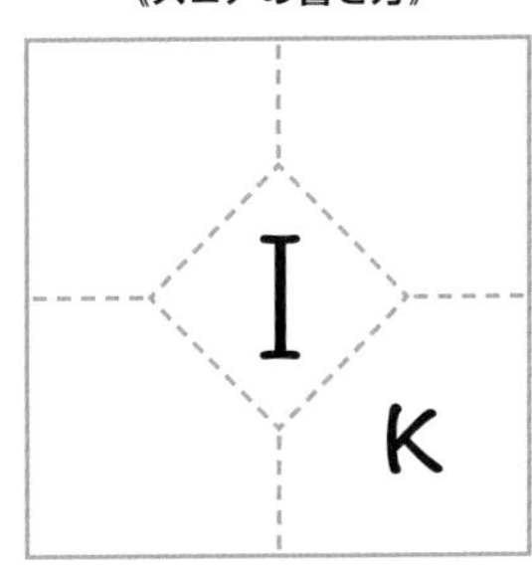

空振りの三振
…K
以下続く

スコアを書くための準備と必要な道具

シャープペンシル
(0.5mm消しゴム付き)

小さな字を書くといっても、細すぎると書きにくいので、0.5mmがちょうどいい。消しゴムを別に用意してもいいが、後ろについているものの方が使い勝手がいい。

時計

開始時間と終了時間を見る。プロ野球と違い90分といった時間制限制の大会も多いので、チームで残りの試合時間を共有するのは大切だ。

のり

両チームのメンバー表を貼るため。

球数カウンター

利き手で記入しながら、反対の手で1球ごとにカウントできる。

座布団

長時間座っているので、プラスチックのベンチでは腰が痛くなる。かさばらない程度のちょっと厚めのものがおすすめ。

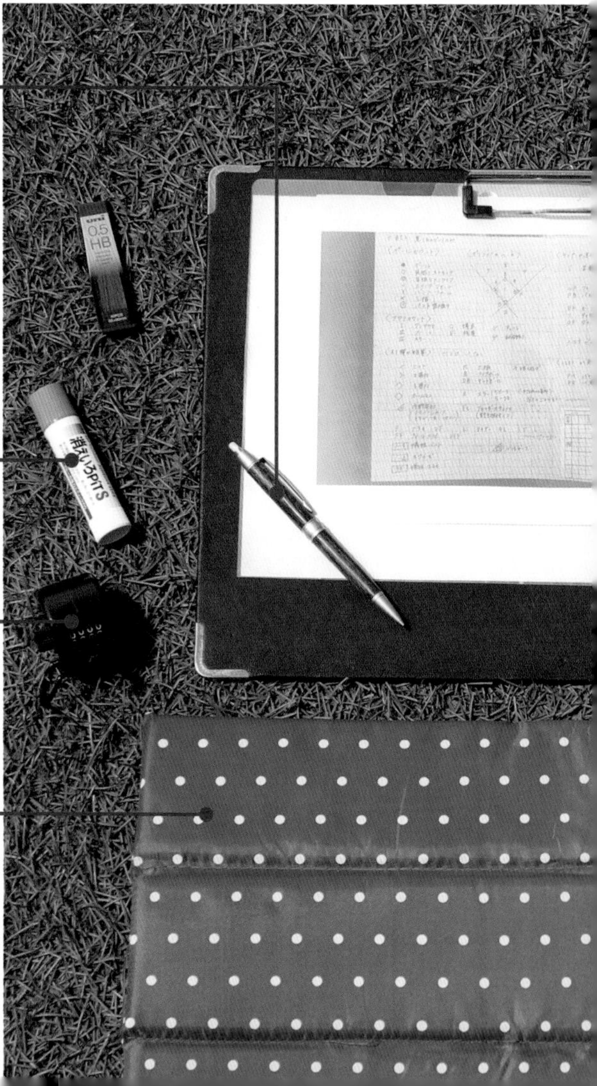

スコアラーは、自チームが攻撃中、守備中にかかわらず、その結果を記入しなければならない。チェンジの合間も書き残したものや、投球数の集計などやることは多い。このため試合が始まったらトイレに行く暇はないと考えよう。試合前に済ませておいて、試合中の水分補給はなるべく避けるといった準備が必要になる。またここで、スコアラーに必要な道具も紹介しよう。

クリップ2個

クリップボードの支えだけでは、ずれてしまって書きづらい。風が強いときには、ページがめくれるストレスも解消できる。

クリップボード

ベンチに机がないところも多いので、スコアブックを挟んで下敷きとして使う。これがあればヒザの上で記入できる。

プロ野球の公式記録員が実践していること

トイレの位置はまず確認

基本的にトイレには行かないが、いざというときのために、あらかじめ近くにあるのか、遠いのかを知っておくのは大事。

試合前に必ず3回行く

尿意があるなしに関わらず、試合開始時間から逆算して、同じ時間に行くようにする。ルーティンにすることで、身体に覚えさせる。

07 BASEBALL SCOREBOOK

季節に応じて準備するもの

暑さ、寒さ対策を万全にしておく

寒さ対策

夏の暑さよりも、冬の寒さ対策の方が重要。選手と違って動けないので、寒さはどうにもならない。風の強い日、天気の悪い日は特に万全の準備をしておこう。

カイロ
貼るタイプのものを、予備も含めて複数個用意しておく。

手袋
記入するときに支障ないように、指先が開いているタイプがいい。

温かいほうじ茶
ほうじ茶なら、利尿作用が働くカフェインが入っていない。ペットボトルではすぐに冷えてしまうので、保温性能の高いボトルに入れる。

ひざ掛け
少し大きめのものを用意して、腰からすっぽり包むと温かい。

ブーツ
ムートン製のものが、風を通しにくく温かいので、おすすめ。

プロ野球と違って、少年野球は1年中試合が行われる。暑いからナイターで、寒いからドームで、というわけにはいかないので、暑さ対策、寒さ対策は万全にしておきたい。特に寒さは大敵だ。暑さは、慣れればある程度は人間の身体が対応してくれるが、寒さは慣れようがない。選手は動いているのでそれほど寒く感じなくても、座りっぱなしのスコアラーにとって、寒さ対策は必須だ。

暑さ対策

夏の暑さ対策は、水分補給とのバランスが難しい。また日焼け対策は、真夏よりも、ゴールデンウィーク辺りから必要になる。

ドリンク

熱中症にならないためにも、水分補給は必要。冬と比べればトイレの心配はないが、発汗とのバランスを考えながら適量飲む。

日焼け止め

もちろん日焼け対策に。

ビタミンB サプリメント

シミ対策。太陽に当たって不足するビタミンを、効率よく補給する。

その他注意すること

最初のうちは、もしものときのために代わってもらえる人の当たりはつけておこう。コーチはスコアを記入できるのか確認しておく。他のスコアラーに、呼べば来てもらえる位置にいてもらえば、安心感が違ってくる。

08
BASEBALL SCOREBOOK

守備位置は番号で表す

守備のポジションは算用数字で表記する

内野を左回りして外野を左から右へ

まずはピッチャーの「1」とキャッチャーの「2」を覚えたら、ベースの順番にファーストの「3」からサードの「5」まで内野を半周。最後にショートが「6」になる。外野手は左から右へ向かって、レフトが「7」ライトが「9」になる。

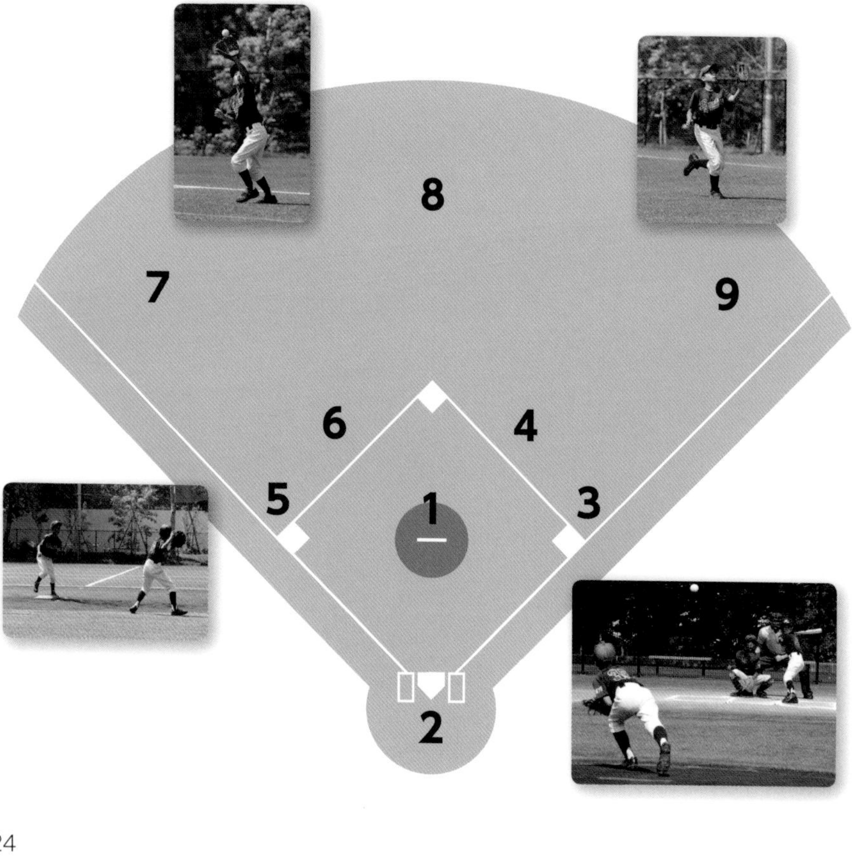

8
7
9
6
4
5
1
3
2

9つのポジションには、それぞれ名前がついていて、カタカナや漢字で表記できる。例えば、「ピッチャー」や「投手」といったものだ。しかし狭いスペースに様々な情報を記入するスコアブックには、できるだけ少ない文字数で簡略化する必要がある。そこで使われるのが、算用数字だ。ピッチャーなら「1」というように、すべてのポジションを数字で表すことができる。

各ポジションのカタカナと漢字の表記

1ピッチャー	**P** (Pitcher)	**投** (投手)
2キャッチャー	**C** (Catcher)	**捕** (捕手)
3ファースト	**1B** (1st Baseman)	**一** (一塁手)
4セカンド	**2B** (2nd Baseman)	**二** (二塁手)
5サード	**3B** (3rd Baseman)	**三** (三塁手)
6ショート	**SS** (Short Stop)	**遊** (遊撃手)
7レフト	**LF** (Left Fielder)	**左** (左翼手)
8センター	**CF** (Center Fielder)	**中** (中堅手)
9ライト	**RF** (Right Fielder)	**右** (右翼手)

マス目のルールを覚えよう

記入する情報と位置を整理する

マス目と記入する内容

マス目は6つのスペースに区切られていて、それぞれに必要な情報を記入していく。

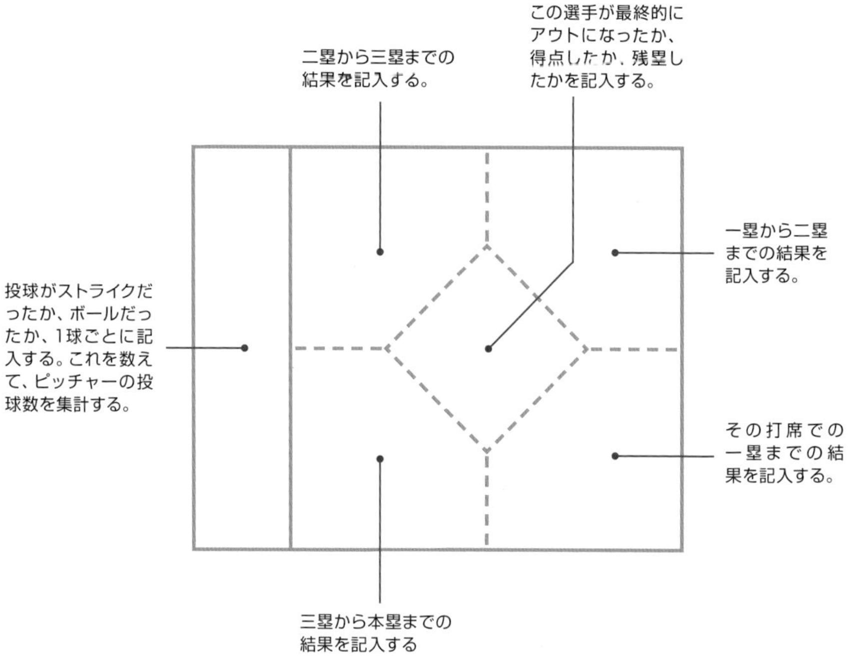

二塁から三塁までの結果を記入する。

この選手が最終的にアウトになったか、得点したか、残塁したかを記入する。

一塁から二塁までの結果を記入する。

投球がストライクだったか、ボールだったか、1球ごとに記入する。これを数えて、ピッチャーの投球数を集計する。

その打席での一塁までの結果を記入する。

三塁から本塁までの結果を記入する

スコアラーの第一歩として、スコアブックのどこに何を記入するのかを覚えることから始めよう。まず各選手名から横に向かって並んでいるマス目には、1打席ごとにその結果を記入していく。マス目は、左に縦長の欄があって、ここには投球の内容を記入する。中央には菱形があって、その頂点から上下左右に区切られている。これはそれぞれが、各塁を表している。

スコアブックとマス目の関係

マス目は6つのスペースに区切られていて、それぞれに必要な情報を記入していく。

縦軸を見れば、1回表に打席に立った選手が誰かがわかる。

イニングが進んでから、引き続き誰が打席に立ったかがわかる。

横軸を見ると、各選手がこの試合で何打席立ち、どんな打撃結果だったのかがわかる。

10 BASEBALL SCOREBOOK

スコアブックに記入すること

スコアブックは2ページで1試合分を記入できる

試合が行われたときの様々な情報

それぞれ対応する欄に、必要な情報を記入する。大会によっては特別なレギュレーションがあるので、そういったことを欄外に記入しておいてもいい。

選手名とポジション

選手名を打順欄に記入。交代した選手は下に追加していく。

守備の記録

試合後に、個人ごとの守備記録を集計して記入する。守備率や失策数は、この数字を元に計算する。

ピッチャーの記録

試合後に、ピッチャーの投球記録を集計する。交代した選手は下に追加していく。勝利数や防御率は、この数字を元に計算する。

2020年　1月　15日	試合開始 13時30分	球場状態	人工芝
	試合終了 14時50分	天候・風向	晴れ
球場　平和の森野球場	所用時間 1時間20分	観　衆	

刺殺	補殺	失策	併殺	打順	シート 先発	先攻	背番号	1	2	3	4	5
				1	2 6	渡邉	10	S' (3) 7-8	Ⅱ K		S" (2) B	
				2	6 5	天野	33	Ⅰ K	Ⅲ 4F		WP' S''' PB 8	
				3	4	柿内	39	(4) 9		Ⅰ F7	Ⅲ F5	
					PH 4	茂原	40					
				4	9 1	松村	32	S" (5) 5-E3		Ⅱ 5-3		Ⅰ K
				5	1 3	津覇	36	S''' Ⅲ 8		Ⅲ 1-3		Ⅱ 5-3
				6	8	千葉	37	Ⅱ 1			Ⅰ 1-3	Ⅲ 5F
				7	3	山崎	35	S'''' ℓ B			S' (8) B	
					9	藤本	57					
				8	7	篠崎	34		Ⅰ F2		PB' (2) 8-9 PR根本	
					PR 7	根本	20					
				9	5	谷	38		S" S' WP B		Ⅱ F7	
					2	松下	45					

合計	1	2	3	4	5
安打・四死球・失策	3 1 1	0 1 0	0 0 0	2 2 0	0 0 0
得点	3	1	0	4	0
投球数	24	17	13/32	30	9

投手	氏名	勝負	セーブ	投球回数	打者	打数	投球数	安打	本塁打	犠打	犠飛
先発	津覇			2 /3	10	9	40	2	0	0	0
2	松村			3 /3	12	10	36	1	0	0	0
3				/3							
4				/3							
5				/3							
6				/3							

スコアブックは、左右見開き2ページで1セットになっていて両チームの情報を記入できるようになっている。各チームの記入欄はまったく同じ。スコアブックの上段にあるその試合が行われた日付や場所、コンディションといった客観的な情報欄が、2枚で違っている。まずはスコアブックのどこに何を記入するのかをひとつひとつ整理して、全体像を把握しておこう。

付 日文ジュニア	主審	近藤			線審	左	放送者	
	塁審	① 木本	② 相田	③ 田町		右	記録者	

8	9	10	11	12	打席数	打数	得点	安打 単打	安打 二塁打	安打 三塁打	安打 本塁打	塁打数	得点打	盗塁	盗塁刺	犠打	犠飛	四死球	三振	残塁
					3	2	2		1					2				1	1	
					3	3	1	1					2	1					1	
					2 1	2 1	1			1			1							
					3	3	1						1						1	
					3	3			1				1	1	1					
					3	3														
					2 0	0	1											2		1
					1 1	1 1	1		1				1							
					2 0	1	1											1		
安 四 失	安 四 失	安 四 失	安 四 失	安 四 失																

暴投	ボーク	失点	自責点
0	0	2	2
0	0	0	0

捕手 氏名	逸球	打撃妨害	許盗塁	盗塁刺
渡邉				
松下				

長打 氏名	二塁打	三塁打	本塁打
	渡邉　根本	柿内	
	津覇		

打撃と走塁の結果

バッターの打撃と走塁の結果を記入する。縦に追っていくと、イニングごとの状況がわかり、横に追っていくと各選手の内容がわかる。

打撃の記録

試合後に、各選手の記録を集計する。打率や打点といった個人成績は、この数字を元にして計算する。

イニングごとの記録

イニングのヒットやエラーの数を集計する。攻守交代の間に、手際よく計算しよう。

キャッチャーの記録

試合後に、キャッチャーの記録を集計する。パスボールや盗塁刺の成否といった、キャッチャー固有の成績は、この数字を元にして計算する。

長打を打った選手名

長打を打った選手は、別欄に選手名を記入。複数打った場合は、○数字で表す。

試合開始前に記入すること

試合が行われる 客観的事実を記入する

2020年 1月 15日	試合開始 13時30分	球場状
	試合終了 14時50分	天候・風
球場 平和の森野球場	所用時間 1時間20分	観

刺	補	失	併	打	シート	先攻	1	2	3

日付、対戦相手、場所、試合開始時刻

試合開始時刻以外は、ベンチに座る前でも記入できること。試合開始時刻は、審判が最初の「プレイ」を宣告した時刻を記入する。

球場状態	人工芝	
天候・風向	晴れ	
観　　衆		中野セネタース 対 日文ジュニア

3	4	5	6	7	8	9

コンディションとチーム名

球場のコンディションを記入する。晴天でグラウンドも乾いているなら「良好」。雨などの影響でグラウンド状態が悪ければ、「不良」「雨天」などとする。風向きは、ホームベースから見た向きを「↓強」「→弱」などと記入するとわかりやすい。

スコアブックには、その試合が行われる客観的事実を記入する欄がある。これらは試合開始前に記入しておいて、試合が始まったら、その結果を追うことに集中できるようにしたい。後回しにして記入し忘れると、スコアブックの信用性が損なわれることがある。こうしたことをもれなく実直に行うことは、スコアラーとして基本中の基本だ。

主審	近藤			線審	㊧	放送者	
塁審	① 木本	② 相田	③ 田町		㊨	記録者	

10	11	12	打席数	打数	得点	安打 単	二塁	三塁	本塁	塁打	得点	盗	盗塁	犠	犠	四死	三	残

審判員、記録員、放送員など

各審判員の名前を記入する。公式戦などで、放送員も発表されれば記入することもできる。記録者の欄には、自分の名前を記入する。

8	9	10	11	12

試合時間80分
球数制限70球

特別ルールやグラウンドルールも

大会によっては時間制限があったり、そのグラウンドの特別ルールが設けられたりすることがある。余白にはそういった情報も記入しておくといい。

打順	シート 先発		先攻 打ち方		背番号
1	2	6		渡邉	10

選手名、背番号 ポジションなど

選手名と背番号を記入するかメンバー表を貼る。練習試合ではメンバー表の交換を省略することもある。相手チームは背番号だけにすることも。

メンバー表の交換

試合前にメンバー表の交換が行われる

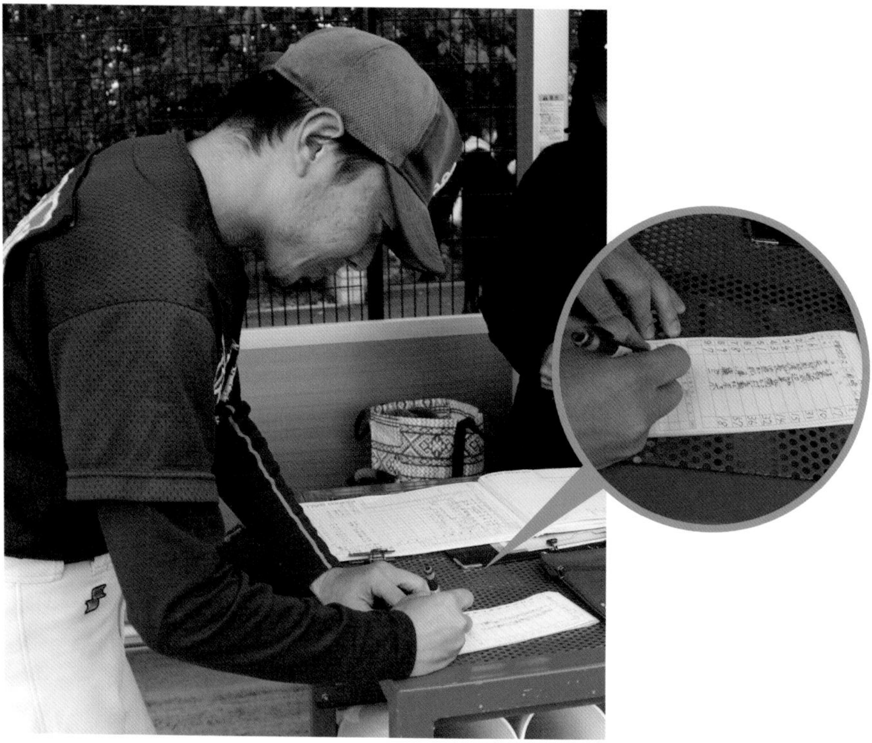

メンバー表の記入

内野手はベースカバーやランダウンプレイなどで、ポジションが入れ替わることも多い。自チームなら顔や背丈などから区別がつくが、相手チームはそうはいかない。そういうときに頼りにするのは背番号だ。省略せずに、しっかりと記入しよう。

メンバー表はカーボン紙になっていて、複数枚一度に記入できる。試合前に審判立ち合いの元で、メンバー表の交換が行われる。相手チームの名前、背番号、ポジションは、このメンバー表を見て書き写す。練習試合では、メンバー表の交換を省略することもある。そういうときは背番号だけを記入したり、選手の特徴をメモしてたりと工夫しよう。

選手の特徴をメモする

少年野球の練習試合だと、メンバー表の交換をしなかったり、そもそも背番号がなかったりする。そういうときは、選手の特徴を記入しておくと便利だ。たとえば「ソックスを上げている」「グラブが青」「眼鏡をかけている」というように、一目で区別できるようにしておく。

内野手の背番号を覚える

ポジションが入れ替わってわかりにくくなるのは、主にファースト、セカンド、サード、ショートの4人。ピッチャーはすぐに覚えられるし、キャッチャーは防具でわかる。そこでプロの公式記録員は、内野手4人の背番号を頭に入れる。こうすると背番号を見て、スコアブックと照らし合わせて、記入するという手間が省けて、スムーズに記入できる。

ヒットかエラーか迷ったら「ヒット」でいい!

ヒットか、エラーかを決めるのは、スコアラーの仕事ですが、これからスコアをつけていく皆さんは、どちらか迷うケースが必ず出てきます。

プロ野球の公式記録員は、ここに私情を挟むことはありませんが、皆さんにとっては、わが子がプレイしているチームのスコアなのですから、多少エラーっぽいと思っても、打った子にヒットをつけてあげたくなって当然です。

じつは、これは少しも後ろめたく感じる必要はありません。なぜなら、ルールブックには「打者に有利な判定を与える」と明確に書いてあるのですから。せっかく子どもたちが打って出塁したのですから、迷わず「ヒット」と記録してあげてください。

2章

はじめに覚えておきたい！スコアの基本

ここからは、実際にスコアブックに書く記号と、その意味を覚えていこう。
まずはすぐに必要になる基本的な記号から。
この章を読めば、とりあえず記入の練習が始められる。

ボールカウントを記入しよう

基本は、ストライク、ボール、ファウルの3つを覚える

ピッチャーの投球結果は、マス目の左側に記入していく。基本的には、ストライク、ボール、ファウルの3つ。判定するのは、球審の役割で、投球後にジェスチャーやコールをしてくれる。それを見て記入すればいい。ファウルが多くなると、1打席で10球以上になることもあるので、上から詰めて記入する。試合後に分析することを考えて、さらに細かく記入することもある。

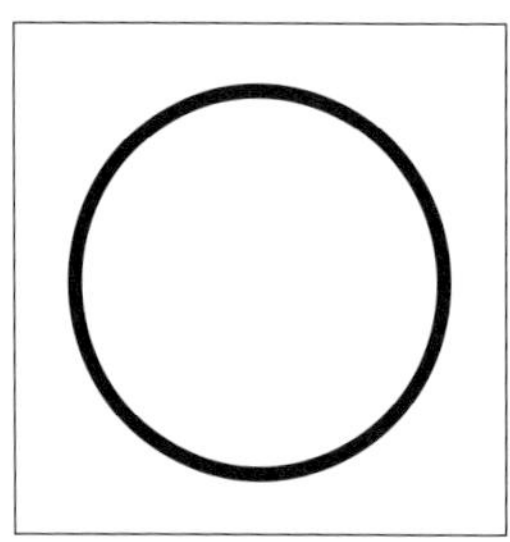

ストライクの書き方

ストライクは「○」と記入する。バッターが空振りをしたか、見逃したかの区別はしなくてもいい。

ボールの書き方

ボールは「-」と記入する。ボールのときは球審のジェスチャーはなく、コールも小さいことが多い。

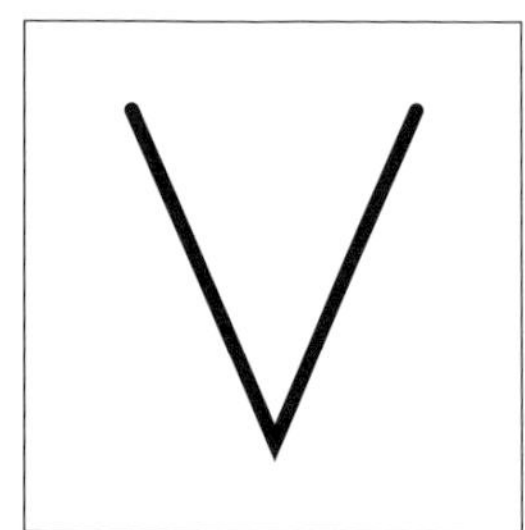

ファウルの書き方

スイングしてバットに当たり、それがファウルグラウンドに落ちたらファウル。「V」と記入する。

《上級者になったら》

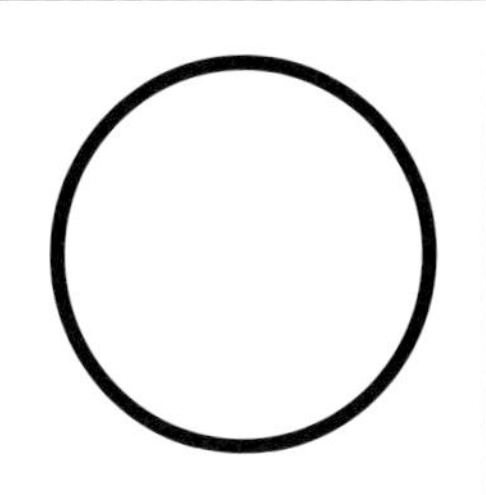

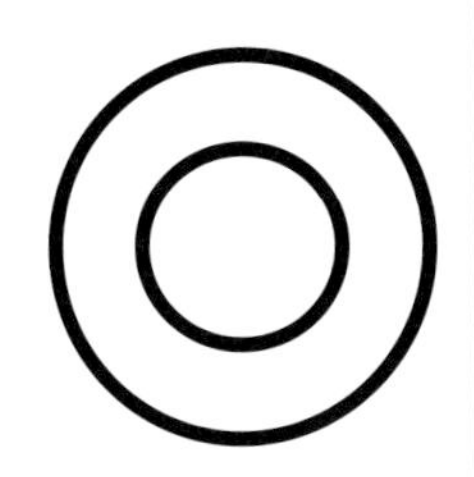

見逃しと空振りを書き分ける

分析に役立てるため、「○」を見逃しストライク、空振りは「◎」と書き分けてもいい。

スイングファウルとバントファウルを書き分ける

スイングしたファウルを「V」、バントのファウルを「Y」と書き分けてもいい。

見逃しストライク

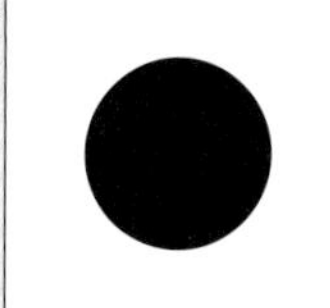

ボール

ファウル

バントファウル

プロ野球公式記録のストライクとボール

公式記録では、見逃しストライクは「×」、ボールは「●」と記入する。

プロ野球公式記録のファウルとバントファウル

公式記録では、ファウルは「△」、バントファウルは「◬」と記入する。

ルールブックでは、球数、カウントは必須でない

ルールブックには、スコアブック記入するべき項目が細かく記されている。しかし、そこに球数やボールカウントはない。つまりルールブック上は、ボールカウントは必須ではないことになる。

打者の最終結果の記入をしよう

「得点」「残塁」「アウト」をマスの中央に書き込む

バッターは、打席の結果によって、アウトになったり、出塁したりするが、最終的には必ず次の3パターンのどれかになる。ホームベースに生還すれば「得点」(●)。出塁したものの塁上に残ったまま3アウトになれば「残塁」(ℓ)。自分の打席や、出塁後の走塁の結果、アウトにされれば「I」「II」「III」。この最終結果を、マスの中央の菱形の中に記入する。

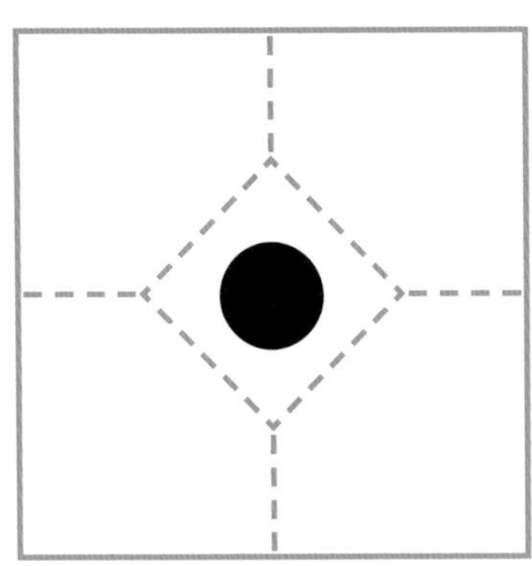

投手の自責点となる得点は「●」

この選手が最終的にホームベースまで生還し、投手の自責点となるなら、中央に「●」を記入する。

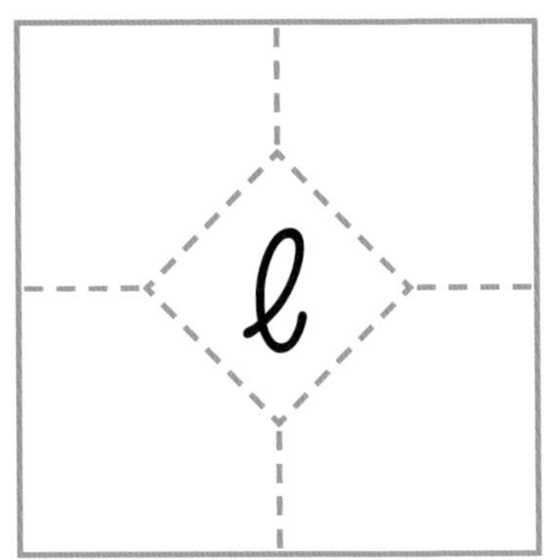

出塁したものの塁上に残って3アウト

この選手自身は出塁したものの、生還する前に後続が3アウトになったら、「left on base」の「ℓ」と記入する。

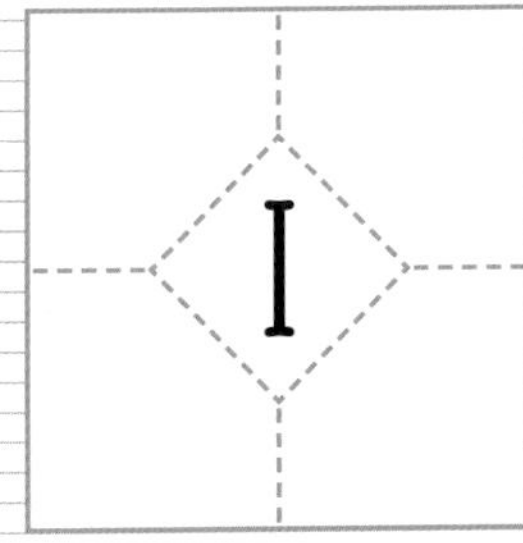

アウトの数はローマ数字で!

アウトはローマ数字で記入。打者としてアウト、走者としてアウトになることも。

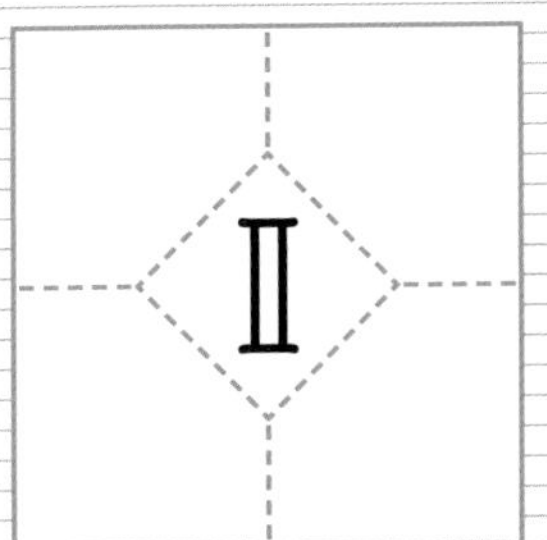

2アウト目の選手は「Ⅱ」

アウトになった順番がわかるように、2アウト目の選手には「Ⅱ」と記入する。

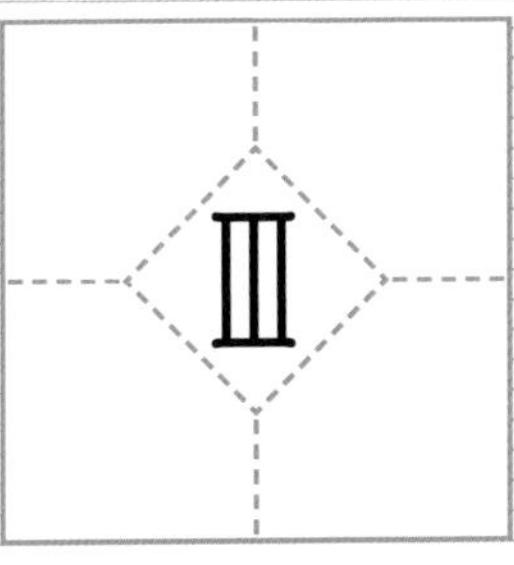

3アウト目の選手は「Ⅲ」

3アウトでチェンジなので、表記は「Ⅲ」まで。だれがアウトになったか正確に。

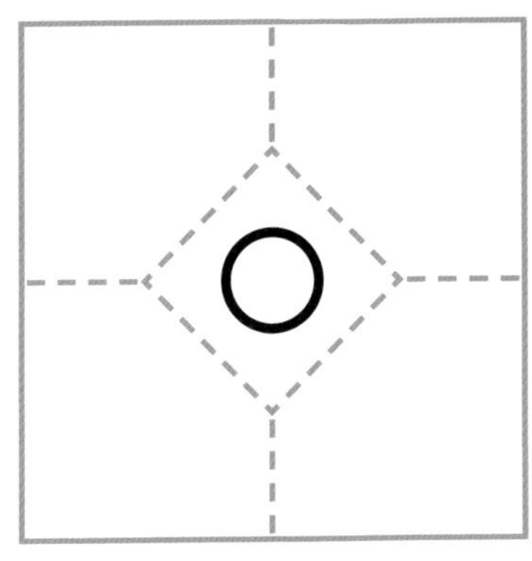

集計しやすいように非自責点は「○」

エラーなど投手の責任でない得点を非自責点という。集計しやすいように「○」と書き分ける。

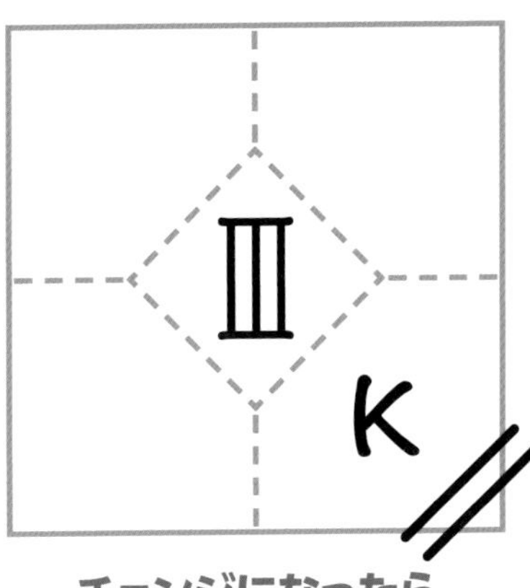

チェンジになったらマスの右下に「//」

3アウトでチェンジになったら、最後に打席に立った選手のマスの右下に「//」と記入する。

公式記録の自責点の表記方法

スコアは見やすさが優先される。見やすさは個人差もあるので、表記には様々なものがある。プロ野球の公式記録では、自責点は「Ⓔ」、非自責点は「○」で表す。

打球の種類を記入しよう

「ゴロ」「フライ」「ライナー」打球はこの3つが基本！

バッターが打ち返した打球には、基本的に「ゴロ」「フライ」「ライナー」の3パターンがある。それぞれ「◡」「◠」「ー」と表記する。この記号と、打球が飛んだ位置を組み合わせることで、どこにどんな打球が飛んだかがわかるという仕組みだ。ゴロは省略することもできる。また内野ゴロは、捕球した直後に送球されるので、ほとんどが送球先とセットで記入する。

ゴロの書き方

ゴロは、打球が飛んだ先を示す数字の下に「◡」と書いて表す。この記号を使うのは、内野ゴロがほとんど。

フライの書き方

フライが上がって、ノーバウンドで捕球したときは、捕球した選手の数字の上に「◠」と書いて表す。

ライナーの書き方

打球が水平に近い軌道で飛んで、ノーバウンドで捕球したとき、フライと区別して「ー」と書く。

実践例

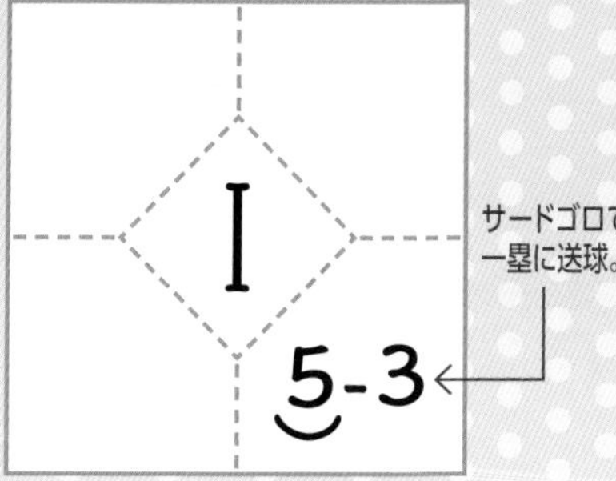

サードゴロでアウト

サードを表す「5」の下に「︶」。通常すぐにファーストへ送球するので、「-3」とつなぐ。

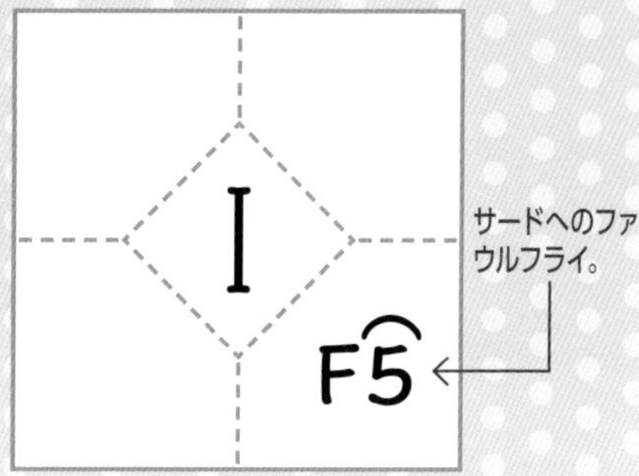

サードへのファウルフライでアウト

ファウルフライは、左に「F」を入れる。

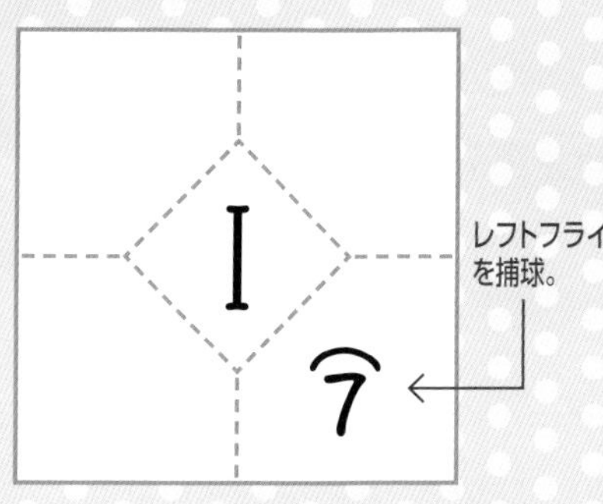

レフトフライでアウト

フライをノーバウンドで捕球したら、野手を表す数字の上に「︵」と記入する。

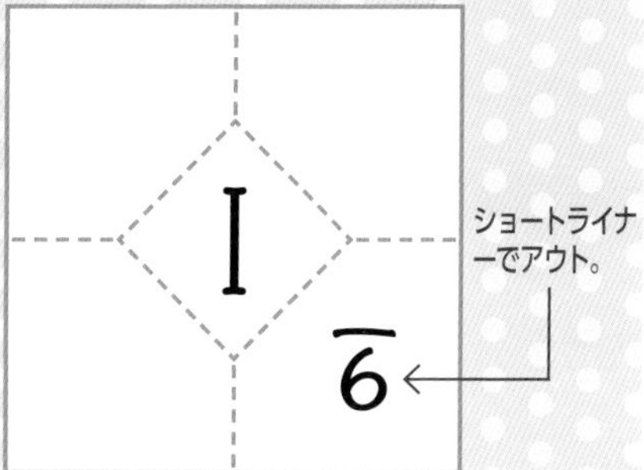

ショートライナーでアウト

ライナーをノーバウンドで捕球したら、野手を表す数字の上に「ー」と記入する。

最終的な判断は、スコアラーの主観でいい

フライかライナーか迷う打球も多い。こんなとき、最終的にどちらかを決めるのは、スコアラーの仕事だ。悩むと余計にわからなくなるので、最初の直感、主観で判断すればいい。

ヒットと打球方向を記入しよう

安打は進塁先までのラインと打球方向を記入する

ヒットは、マスの中央の菱形に沿ってラインを引く。二塁打や三塁打なら、このラインを二塁、三塁の位置まで伸ばし、本塁打なら菱形になる。右下のスペースには、打球が飛んだポジションと、どんな打球だったかを記入する。内野安打は、この数字を楕円で囲む。ヒット数は、チームの攻撃力を測る大事な要素なので、目立つように赤い色で記入するのがおすすめだ。

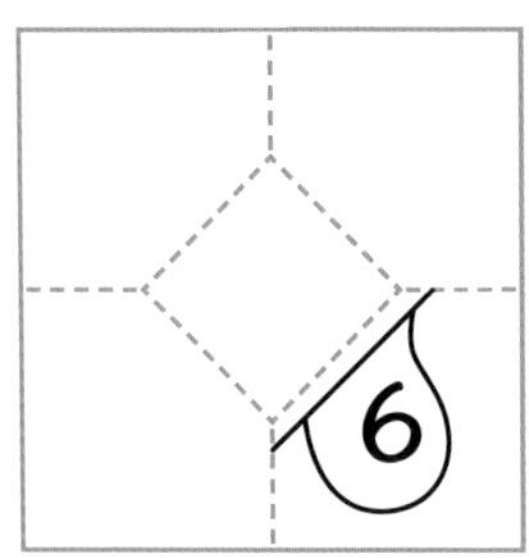

ショートへの内野安打

一塁まで線を引き、打球が飛んだショートのポジション「6」を楕円で囲む。送球があったとしても省略する。

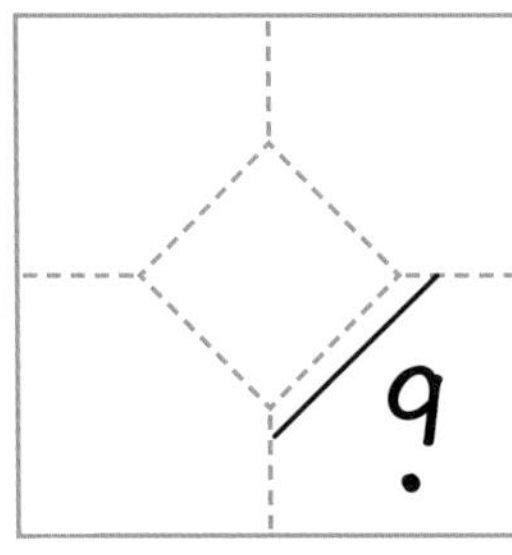

ライト前へのシングルヒット

ライト前に落ちるシングルヒット。この場合、打球が落ちた位置を示す数字の下の「・」は省略してもいい。

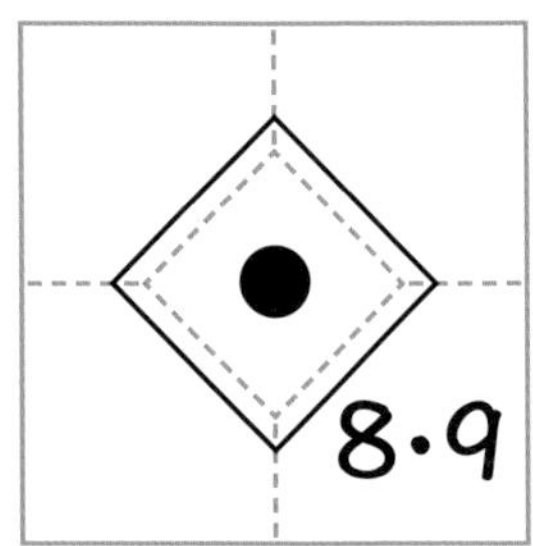

右中間へのホームラン

本塁打は、菱形に沿って囲む。中央に得点を示す「・」。打球が飛んだセンターの「8」とライトの「9」の間に「・」。

実践例

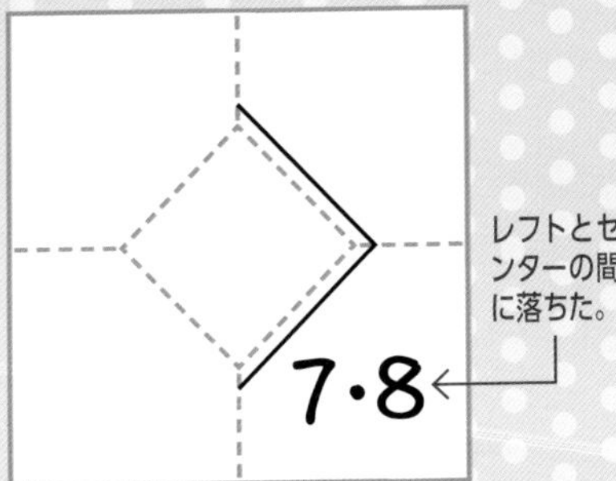

左中間への二塁打

打者の打撃だけで二塁まで進むのが二塁打。二塁までラインを伸ばして、二塁打であることを示す。

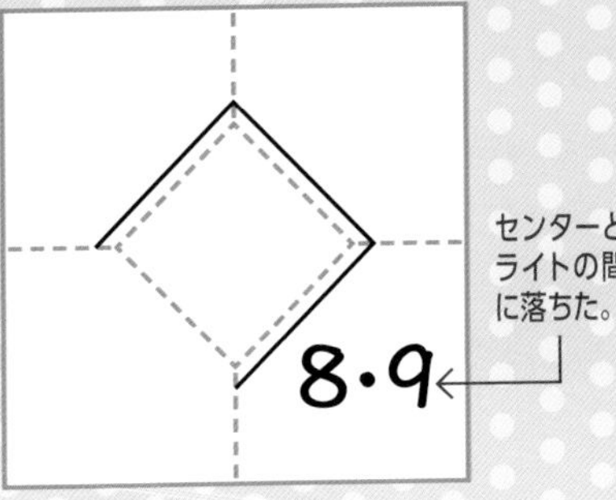

右中間への三塁打

一気に三塁まで進むことを三塁打という。同じように、三塁までラインを伸ばして表す。

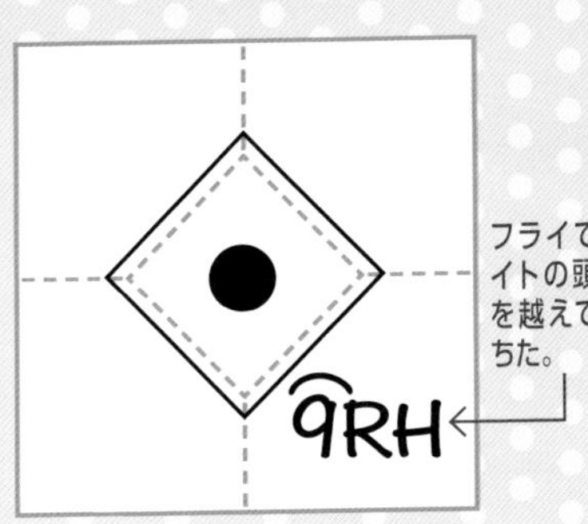

ランニングホームランはアルファベットで「RH」

通常のホームランと区別するため、隣に「RH」と記入しておく。

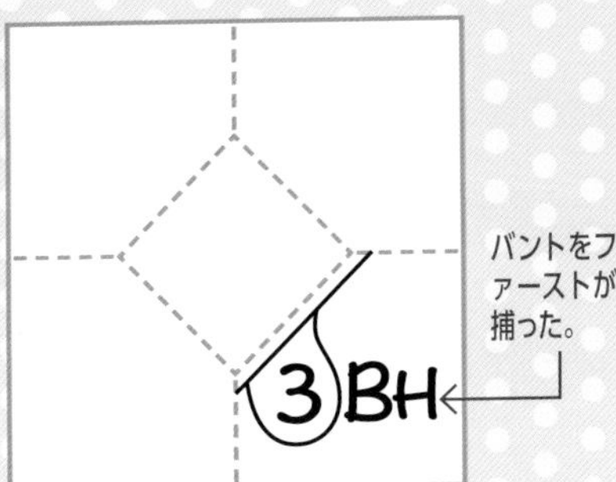

バントヒットは内野安打+「BH」

バントヒットは内野安打でもあるので、数字を楕円で囲み、さらに「BH」と明確にしておく。

どこまで正確に記録するか

打球が落ちた位置は、どこまで正確に記録するか。あまり複雑にしても、見づらくなるだけだ。そこで上下左右4か所がおすすめ。これなら外野手間のオーバー打球までカバーできる。

様々な打球方向の記入例を覚えよう

打球方向を正確に記入すれば見返すときイメージしやすい

打球の位置を正確に記入しておけば、スコアブックを見直したときに、イメージしやすい。例えば、レフトへのヒットが、ライン際の打球だったとわかれば、ただのシングルヒットというよりもバッターの特徴を捉えやすくなる。省略することもできるが、ムリのない範囲で、必要な情報を残しておくことは、スコアブックを活用するという趣旨からも有効だ。

実践例

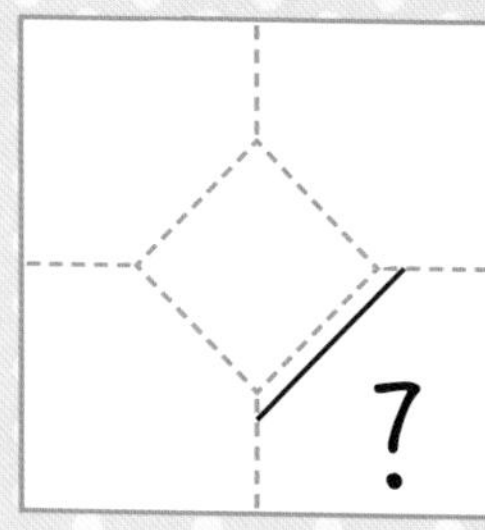

レフト前に落ちたシングルヒット

「•」があると、レフト前に落ちたことがわかる。右の2つも省略すれば「7」だけの表記にすることも可能。

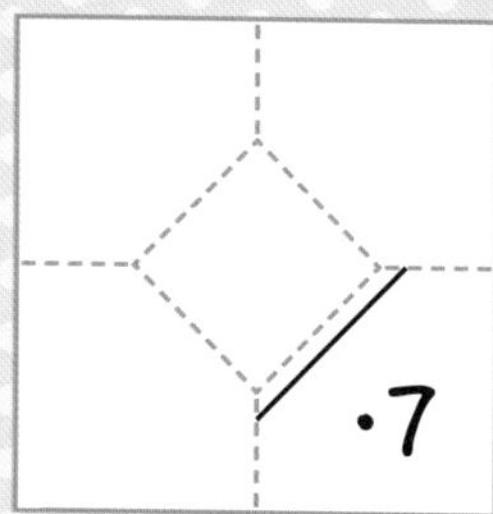

レフト線へのシングルヒット

同じレフトへのシングルヒットでも、「7」の左に「•」があれば、ライン際に落ちる打球だったとわかる。

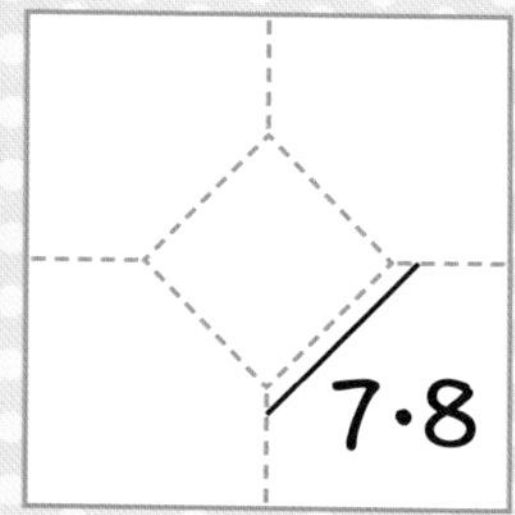

左中間に落ちたシングルヒット

こちらもレフト方向へのシングルヒットだが、ちょうどセンターとの間に落ちる左中間の打球だとわかる。

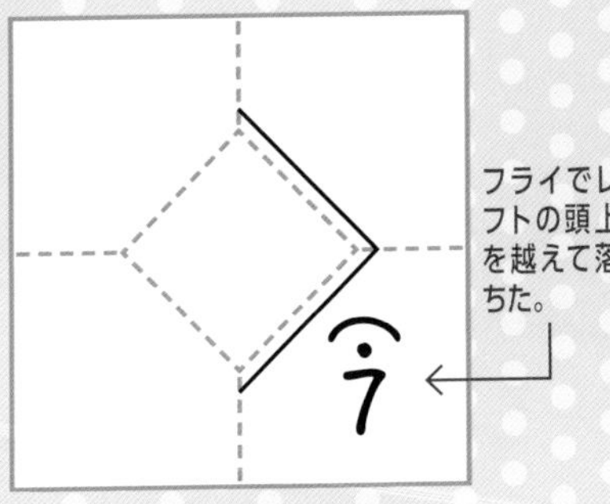

レフトの頭上をフライで越えた二塁打

「7」の上の「•」は、頭上を越えて落ちたことを示す。「⌒」でフライだったこともわかる。

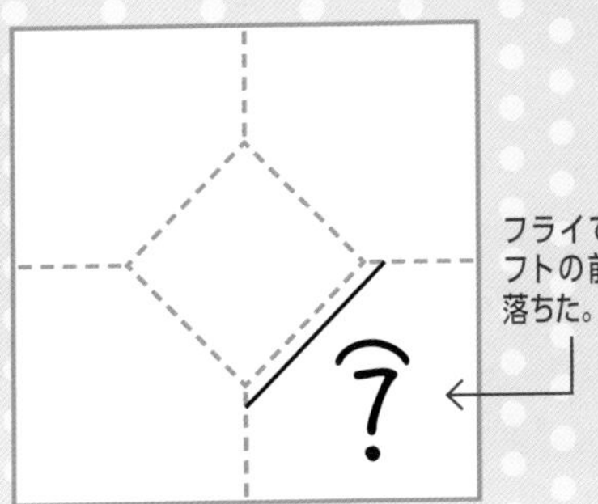

レフトの前にフライで落ちた

「7」の下の「•」は、前に落ちたことを示す。「⌒」でフライだったこともわかる。

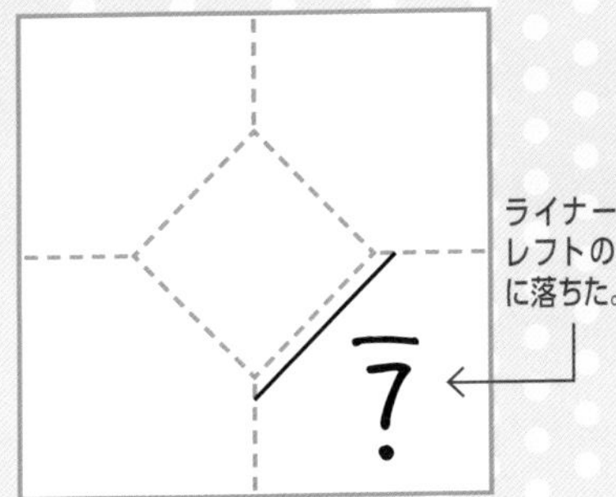

レフトの前にライナーで落ちた

同じくレフトの前に落ちた打球。「—」があるので、ライナー性の打球だったことがわかる。

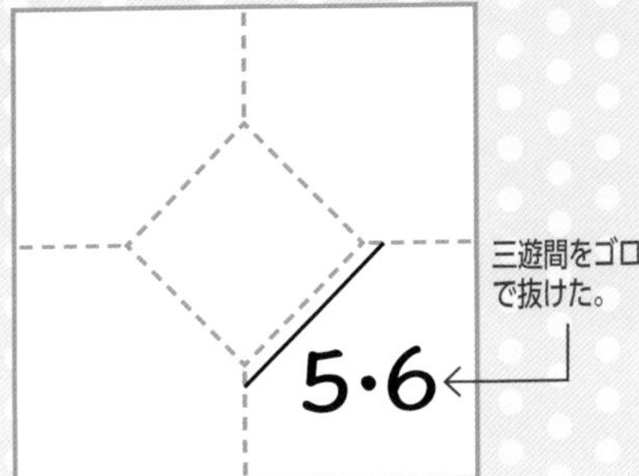

三遊間を抜けたレフト前ヒット

三遊間なので、5と6の間に「•」を記入する。単にレフト前ヒットとするよりも正確になる。

ランナーに直接触れるのがタッチアウト

野手がボールを持って塁や走者に触れることを「触球」という。一般的にはタッチアウトということが多いが、正式にはタッグ(TAG)アウト。

ランナーの進塁を記入しよう

出塁したランナーが後続のバッターによって進塁

出塁したランナーは、後続の打撃によって、さらに先の塁へ進塁する。進塁が成功した場合は、その打撃を行った打者の打順を算用数字で書き、「()」で囲む。本塁へ生還して、得点となった場合は、「()」でなく○で囲む。このとき得点が自責点なら、真ん中に「●」、非自責点なら「○」も記入する。2つ先、3つ先の塁まで進んだときは、通過した塁は「¬」でつなぐ。

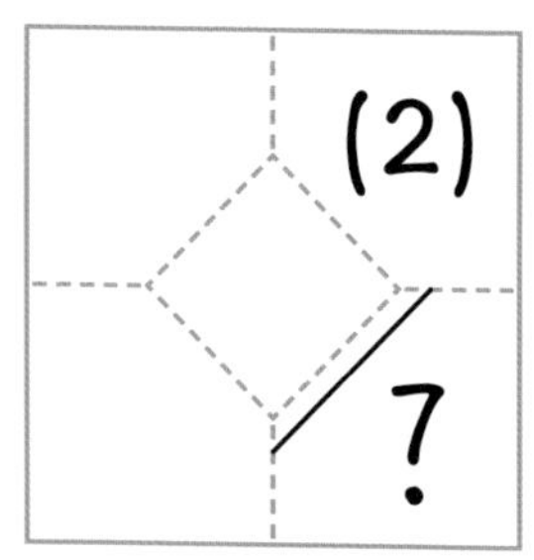

進塁のきっかけになった打順を算用数字で

先に出塁していた一塁ランナーが、二番バッターの打撃によって、二塁に進んだ。右上に「(2)」と記入する。

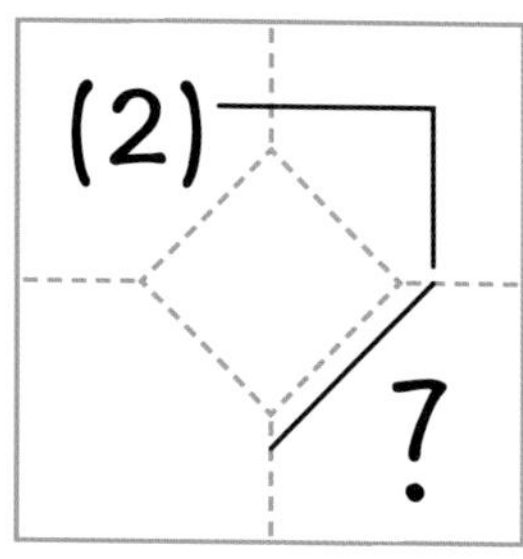

2つ以上先の塁への進塁は「¬」でつなぐ

一塁ランナーが、二番バッターの打撃によって、2つ先の三塁まで進んだ。これは「¬」でつなぐ。

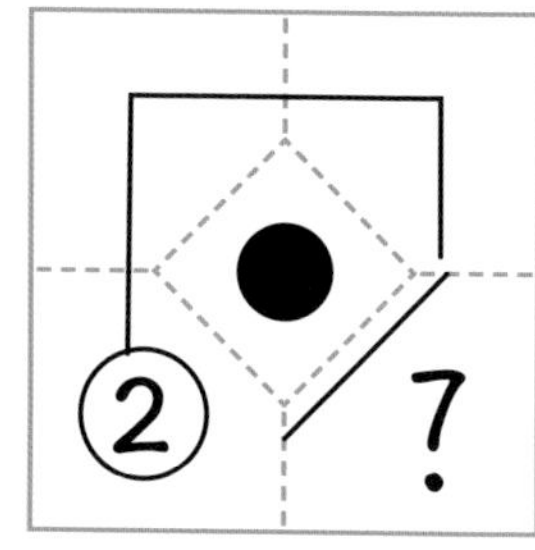

ホームインした場合は数字を○で囲む

ランナーがホームインした場合は、その打撃を行った打順の数字を○で囲む。中央には得点を示す「●」も。

実践例

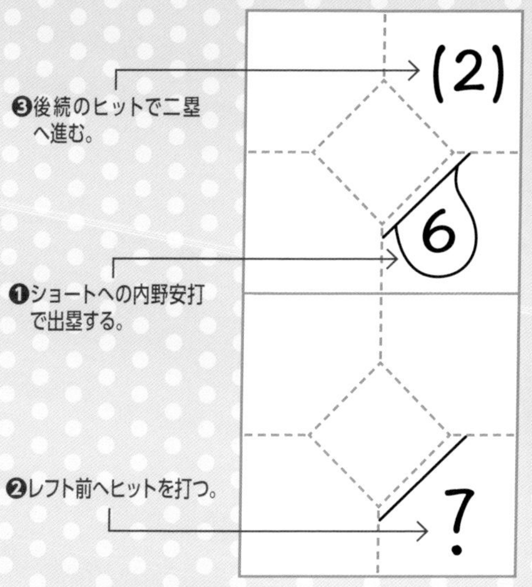

後続のバッターのレフト前ヒットで進塁

内野安打で出塁。後続の二番バッターの打撃の結果、二塁へ。打撃を行った選手の打順を記入。

まずはこれを記入
ランナーの上のマスにも

打球方向の「7」を記入する。さらに後続の打撃によって、このマスに追加で記入していく。

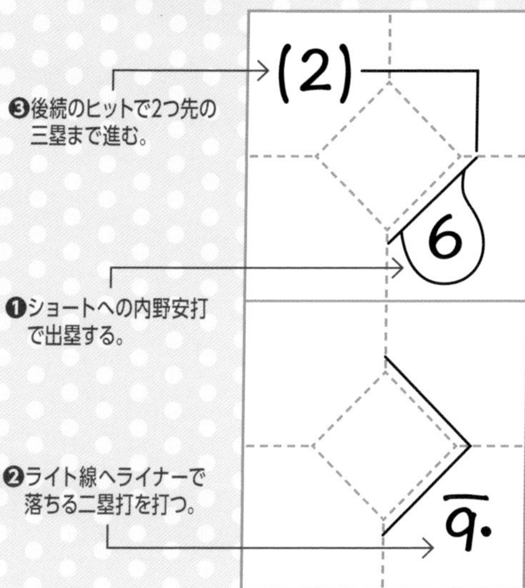

2つ先の塁へ進塁したら通過した塁には「¬」

後続の二番バッターの打撃で、一塁から一気に三塁へ。二塁ベースの欄には、「¬」を記入する。

最初に打撃の結果を記入
この結果どうなったかを追う

ライト線の二塁打なので「9」。引き続き前のランナーを確認して、進塁結果を記入する。

塁が埋まっているときフォースアウトが成立

満塁やランナー一・二塁など塁が埋まっていて、バッターがゴロを打った結果、野手が走者か塁に触球してアウトにすることをフォースアウトという。

送球を記入しよう

送球元と送球先の数字を「ー」でつないで表す

ゴロを捕ったら、通常アウトを取るために、ランナーの進塁先へ送球する。このような連続したプレイが起きたことを示すために、送球元と送球先の算用数字を「ー」でつなぐ。内野ゴロを一塁へ送球するのが、もっとも一般的なパターン。先に出塁して前の塁を走るランナーを刺すための送球は、打撃を行った選手のマスから、ランナーである選手のマスへつながるように記入する。

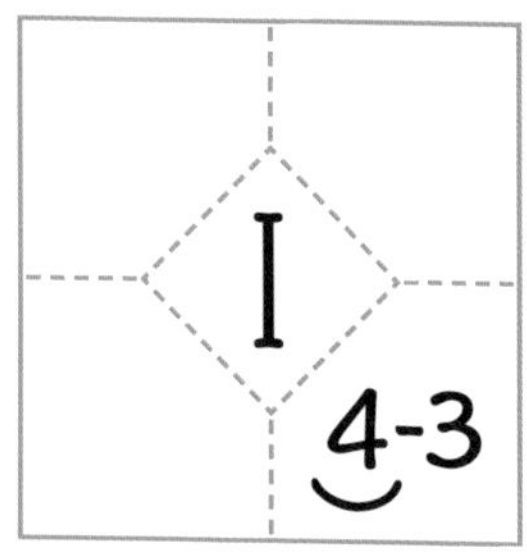

セカンドがゴロを捕って一塁へ送球

ゴロを捕ったセカンドは「4」。送球を表す「ー」で、送球先のファーストの「3」とつなぐ。

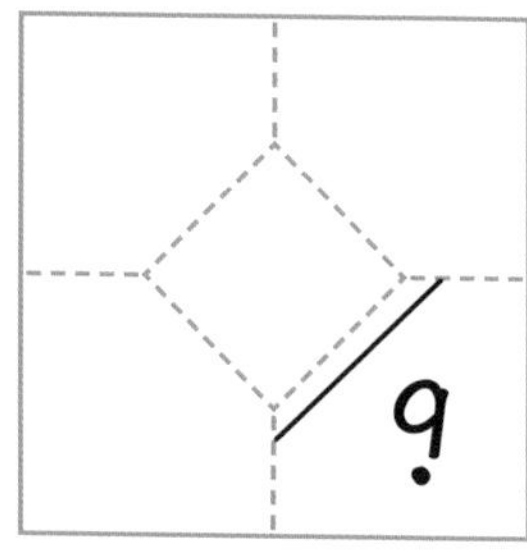

ライト前に落ちた打球を一塁へ送球

アウトにできそうだと考えたライトが、一塁へ送球したが、結果はセーフ。「-3」は、通常は省略する。

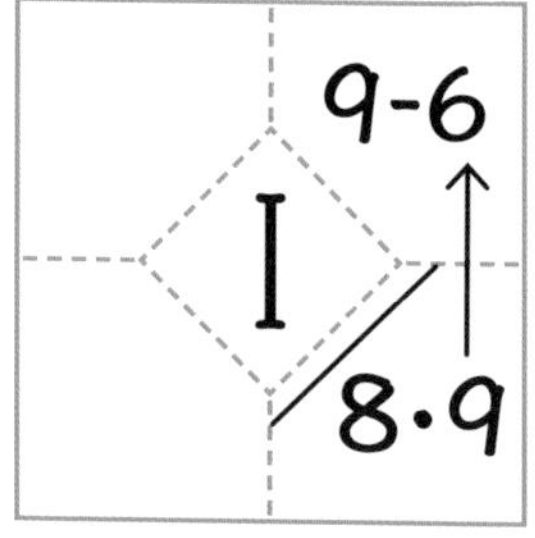

二塁打を狙ったがアウトになった

右中間の打球で、二塁を狙ったがアウトになった場合、シングルヒットは成立し、「9-6」と記入する。

実践例

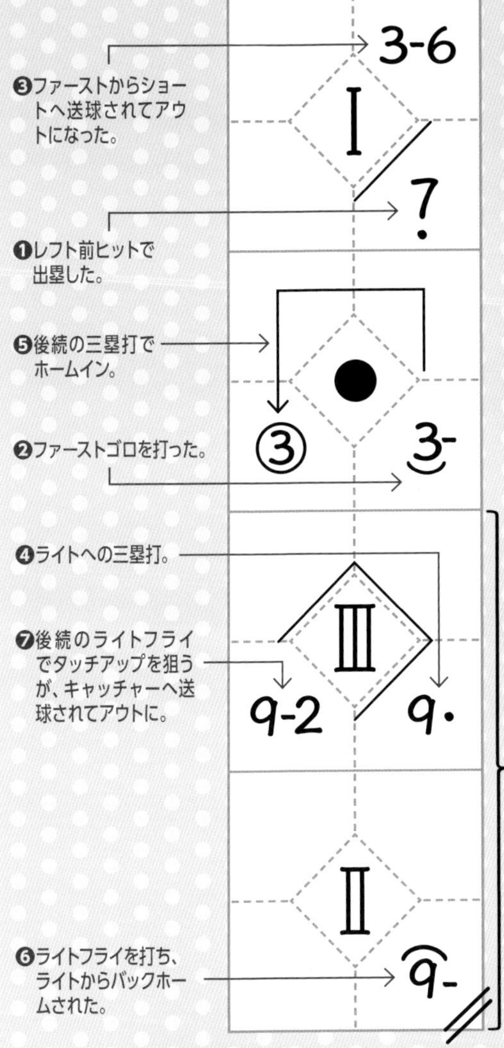

次のバッターの打撃でアウトになった

レフト前ヒットは「7」。後続のファーストゴロが二塁へ送球されて、アウトになったので「3-6」。

ファーストから先の送球は無関係になった

ゴロを捕ったファーストは、このマスの選手とは異なる塁へ送球したので、この欄は「3-」まで。

タッチアップを狙うがホームでタッチアウト

ライトへの三塁打なので「9」。後続がライトフライ。ライトからの送球でアウトになったので「9-2」とアウトを示す「Ⅲ」。

※「DP」はダブルプレイ。説明はP64。

ライトフライで先にアウトになることに注意

ライトフライを打ったので、「9」。その後の送球は別の走者なので「-」だけ。「Ⅱ」も忘れずに。

誰も損をしない Win=Winの記録術!

ヒットかエラーかについて、今度は守備目線で考えてみましょう。

ピッチャーが打ち取ったフライが、外野手の前でバウンドしバンザイしてしまって後逸。外野を転々としている間に、打った人までホームインしてしまった。少年野球の中でも、とくに野球を始めて間もない子が守るときや、低学年の試合ではよくある光景です。

ピッチャーの自責点まで集計するチームは、そんなに多くはないでしょうが、いくら「打者有利に」とはいっても、ランニングホームランと記録したら、ピッチャーがかわいそう。打ったバッターも素直に喜べませんよね。明らかに守備側のミスなら「ヒット+エラー」にしてあげればいい。ピッチャーには自責点がつかないし、バッターにもヒットは記録されます。

これは誰も損をしない、Win=Winの記録術です。

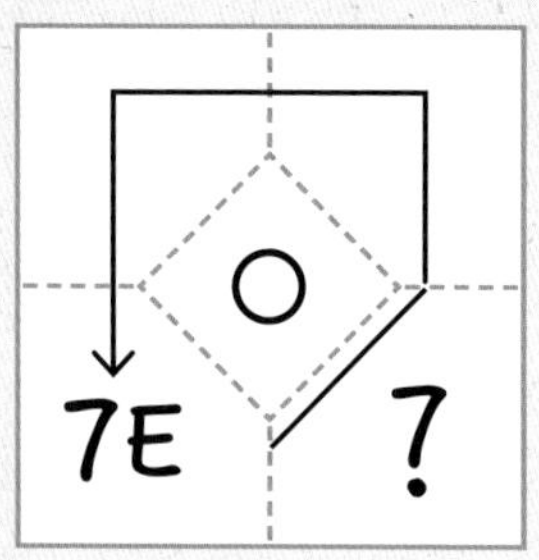

3章

スコアの記号やアルファベット

バッターが打って走る、野手は捕って送球するのが基本だが、これだけではない。
この章では、様々な出塁の方法や、アウトになるケースの記入の仕方を覚えていこう。

エラー(失策)を記入しよう

エラーをした選手を見極めて数字の横に「E」を記入する

守備側のミスで進塁を許したとき、原因となった選手の数字の横に、失策(Error)の頭文字「E」を記入する。エラーは、打球の捕球、捕球後の送球、送球後の捕球で起きる。どこで起きたエラーなのかを判断するのは、スコアラーの仕事だが、悪送球でも、これくらいなら捕って欲しいよね、と考えるか、わずかでも悪送球と割り切るか。どちらとも判断できる場面も実は多い。

Errorの頭文字の「E」を使用する

電光掲示板の横には、H(ヒット)、Fc（フィルダースチョイス）と並んでEがあるので、目にすることも多い。

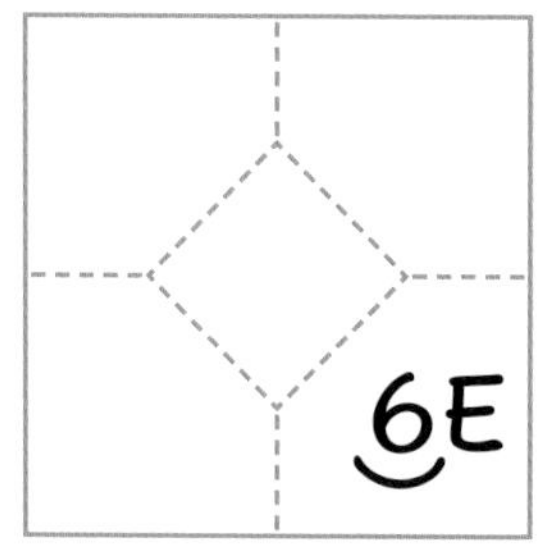

エラーをした選手の数字の横に記入

ショートゴロの捕球時にエラーをしたことを表す。難しい打球で、捕れなくても仕方なければ、内野安打。

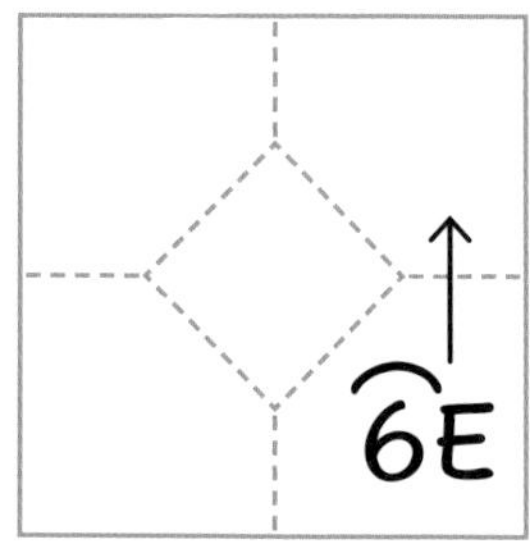

フライを落球して二塁まで進んだ

フライを落球する間に、二塁まで進塁。エラーが記録されるのは1つなので、二塁の欄に向けて矢印を記入する。

実践例

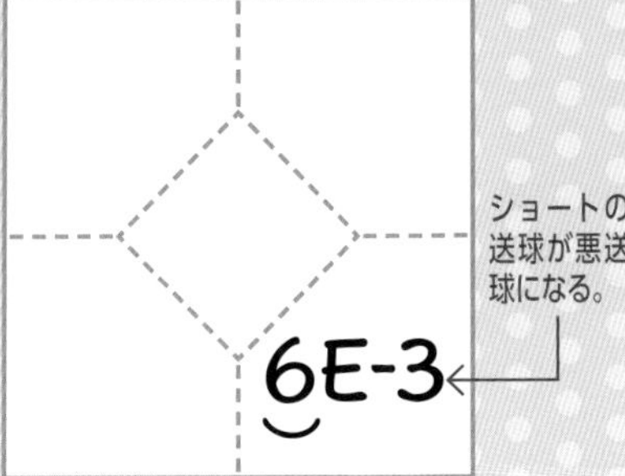

ショートの送球が悪送球になった

ショートはゴロを捕球したが、一塁への送球が悪送球になった。この場合、「6」の横に「E」。

ファーストが
落球や後逸
する。

6-3E

送球は正確だったけど ファーストが捕球ミス

ショートからの送球は正確だったが、ファーストがエラーした。原因の「3」にエラーがつく。

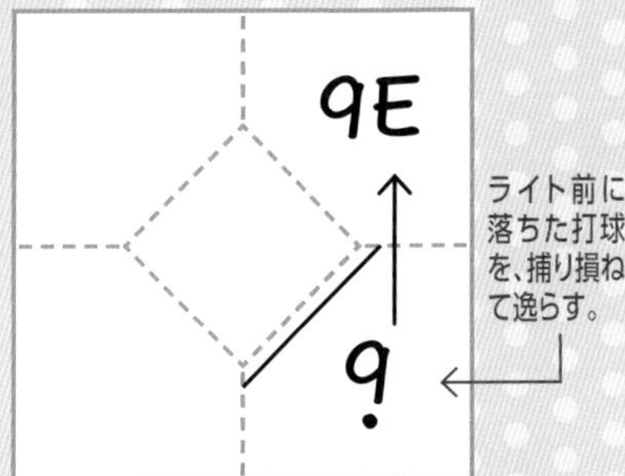

シングルヒットだったが エラーが原因で二塁へ

ライト前に落ちたのでヒット。その後捕球ミスをしたので、1ヒット1エラーになる。

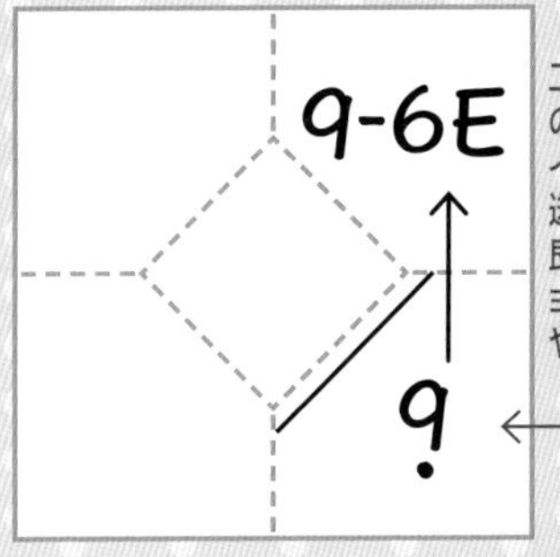

二塁を狙った
のを見て、ラ
イトが二塁へ
送球。送球は
良かったが、シ
ョートが落球
や後逸した。

アウトのタイミングだったが ショートがキャッチミス

送球は完全にアウトになるタイミングだったのに、ショートがエラーしたので、「6E」になる。

エラーがなかった場合、どうだったか?

エラーがあったから進塁できたのか、エラーがなくても進塁できたのか(この場合はヒットになる)を判断するのはスコアラーの役割。迷ったら、まずは最初の直感。それでも迷ったら、ヒットを優先する。

フォアボールとデッドボール

四死球は一塁に出塁でき、前のランナーも次の塁へ

フォアボールは「B」と書く

B

フォアボールは、英語でBase on Ballsという。この頭文字を取って、打席結果の欄に「B」と記入する。

デッドボールは「DB」と書く

DB

こちらはDead Ballの頭文字を取って「DB」と表記する。単に「D」だけでもいい。チームで統一しよう。

故意四球は「IB」として通常のフォアボールと区別

IB

そのバッターとの勝負を避けるために、わざとストライクを投げないことがある。これを敬遠と呼び「IB」と書く。

四死球は必ず右下の欄に記入

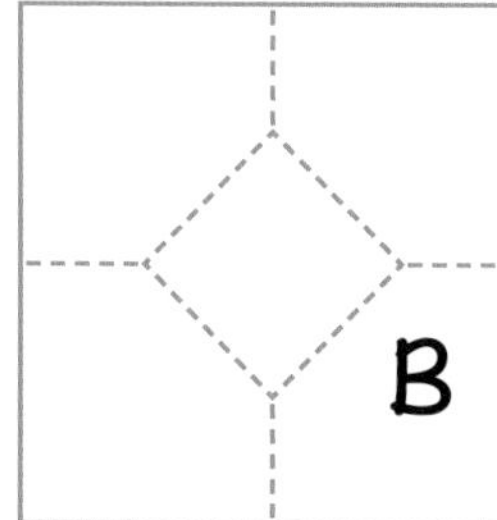

四死球が起きるのは、打者に対してだけなので、必ず右下の欄に記入することになる。

少年野球では四死球が多くなりがち

技術が未熟な少年野球では、四死球も多くなりがち。四死球に限らないが、どの走者がどこまで進塁しているのか、チェックしながら正確に記入するように心がけよう。

ボールカウントが4つになると、バッターは安全に一塁が与えられる。これをフォアボール（四球）という。ピッチャーが意図的にストライクを投げない故意四球（敬遠）もある。また、投球したボールが、直接バッターに当たることを、デッドボール（死球）という。デッドボールも、バッターは安全に一塁が与えられる。3つとも、先行するランナーは押し出されて進塁する。

実践例

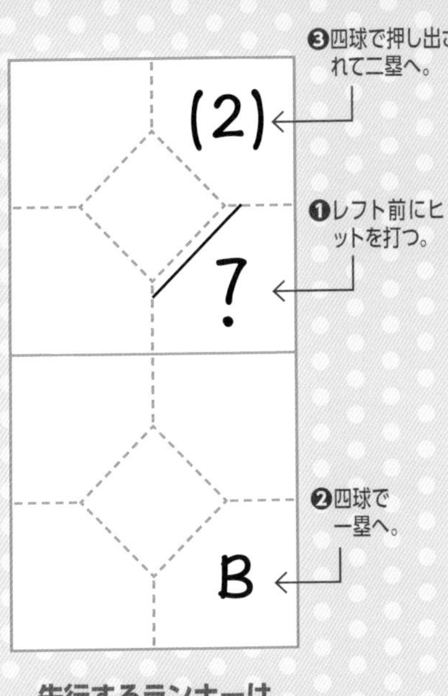

先行するランナーは 先の塁へ

前の塁がランナーで詰まっているときは、押し出される形で、次の塁へ進む。

四死球による得点は 通称「押し出し」

満塁の状態で四死球になると、三塁ランナーが得点。通称「押し出し」という。

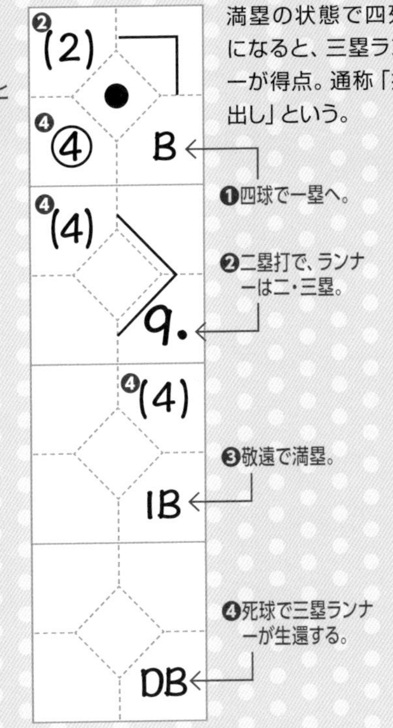

盗塁(スチール)を記入しよう

混乱しないために いつ起きたかをはっきり残す

ピッチャーが投球する間に、ランナーはアウトになる危険を冒して進塁を狙える。これを盗塁という。キャッチャーから送球されたボールで、タッチされる前に塁に到達できれば成功。盗塁した塁の欄に、Stealの頭文字「S」を記入する。盗塁はいつ起きたかをはっきりさせておかないと、スコアブックを見返すときに混乱するので、盗塁が起きた投球の横に「,」を記入する。

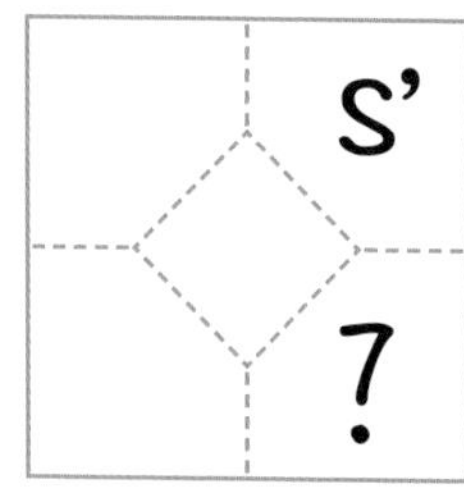

Stealの頭文字である「S」を記入する

盗塁した選手のマスの、該当する塁の欄に「S」を記入する。また「,」をつけて、投球欄とリンクさせる。

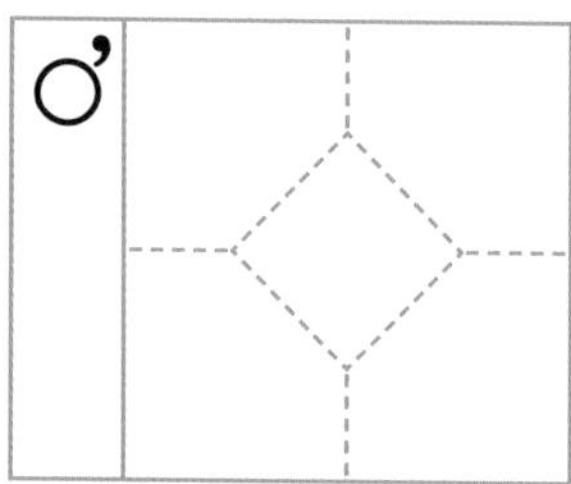

盗塁が行われた投球に「,」をつけておく

あとで混乱しないように、投球にも「,」をつける。記号はどんなものでもいいが、見やすいものがおすすめ。

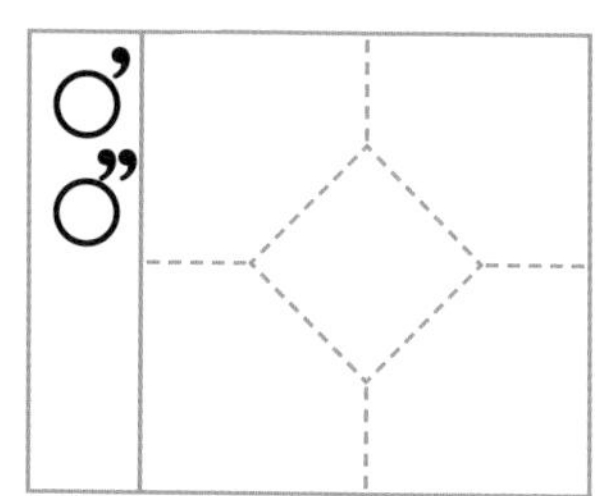

複数の盗塁が行われたときは「,,」など

1イニングに複数の盗塁があったら「,,」などを使う。これも「S」とリンクすれば、どんなものでもいい。

実践例

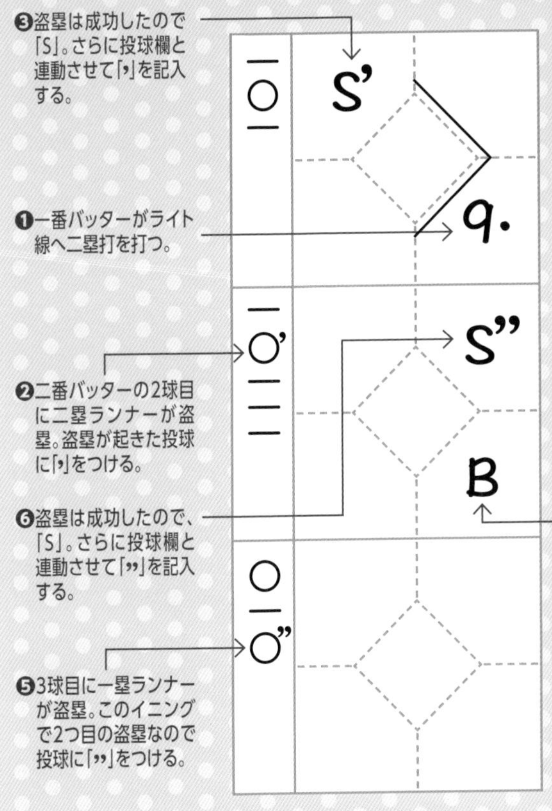

盗塁は「S」と記入 複数なら「,」で区別する

二塁ランナーが三塁へ盗塁。進塁した塁の欄に「S」と記入する。複数あったときは「,」で区別する。

1イニングに2つ目なら「,,」と記入する

一塁ランナーが二塁へ盗塁。同じく「S」だが、このイニングで2つ目なので「,,」をつける。

3個以上でも「,」を増やしていくだけ

1イニングに3つ、4つの盗塁があったら、「,,,」「,,,,」のように「,」の数を増やしていく。

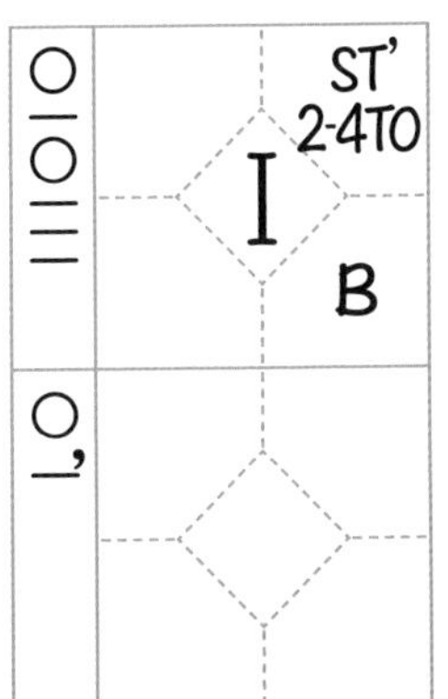

盗塁失敗は「ST」

盗塁を試みたランナーが、タッチアウトになったとき、「ST」と記入する。その下にキャッチャーからセカンドへ送球されたことを示す「2-4」。さらにタッチプレイなので「TO」を書く。

ワイルドピッチとパスボール

投球の質でワイルドピッチかパスボールかを判断する

投球をキャッチャーが捕球できずに、逸らす間にランナーが進塁することがある。このとき、スコアラーは投球の質を判断しなければならない。投球が悪かったら、ワイルドピッチ。キャッチャーが捕球ミスをしたのなら、パスボールとなる。またピッチャーの不正な投球動作は、ボークという。こちらは審判の判断なので、起きたときに適切に記入すればいい。

WP

ワイルドピッチは「WP」と書く

ワイルドピッチ（暴投）は、Wild Pitchの頭文字で「WP」。ワンバウンドするような投球ならこちら。

PB

パスボールは「PB」と書く

パスボール（捕逸）は、Passed Ball「PB」。投球は問題ないときはこちら。

BK

ボークは「BK」で投球の不正

投球動作の不正をボークと呼ぶ。ランナーがいれば、1個の進塁が与えられる。

実践例

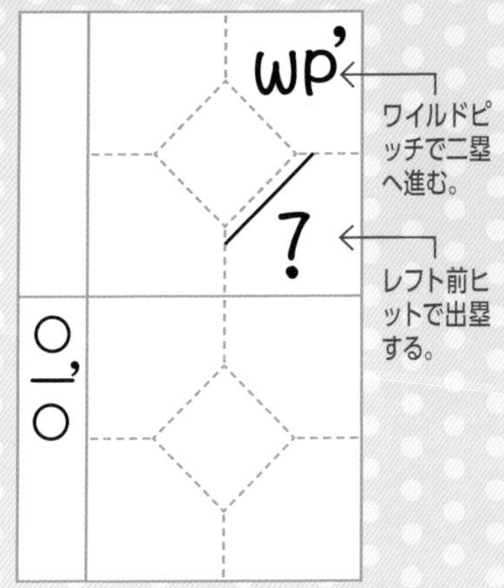

ワイルドピッチの投球に「,」をつける

ワイルドピッチが起きたときを明確にするために、投球に「,」をつける。パスボールも同じ。

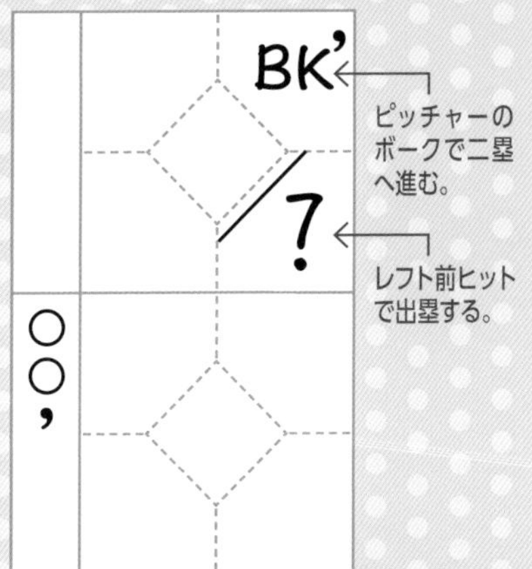

ボークのタイミングに「,」とつける

不正投球をしたとみなされて進塁。「BK」を記入する。

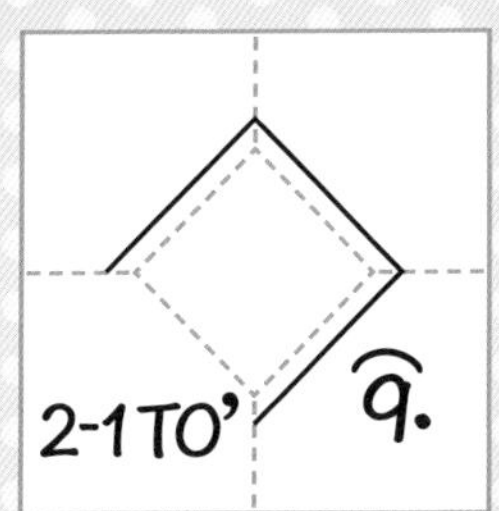

投球がそれたので三塁ランナーがホームを狙うが、ボールがピッチャーに渡ってタッチアウト。

得点を狙ったがホームでタッチアウト

三振しても進塁を狙える「振り逃げ」

三振したときに、ワイルドピッチやパスボールをすると、バッターは打者走者として進塁を狙える。これを一般的に「振り逃げ」と呼ぶ。「振り逃げ」というが見逃しストライクでもいい。

三振と振り逃げを記入しよう

ストライクは3つで三振 バッターはアウトになる

ストライクは3つで三振、バッターはアウトになる。ただし2ストライクからスイングした結果、ファウルになったら三振にはならない（バントだと三振になる）。三振には、ちょっと特殊な「振り逃げ」というルールがある。三振した投球を、キャッチャーが捕球できないと三振が成立しないので、打者走者として進塁を狙えるのだ。打者走者が一塁へ到達する前に、送球されればアウトになる。

見逃し三振は「K」と書く

見逃し三振は「K」。この理由は諸説ある。英語ではStruck Outというので、「SO」と書くこともある。

空振り三振は「K」を○で囲む

データとして活用するために、見逃しと空振りを区別しておきたい。空振り三振は「K」を○で囲む。

成立した振り逃げは「ꓘ」と書く

振り逃げで進塁が成功したら、「ꓘ」と記入する。進塁が成功しなければ「K」だけでもいい。

実践例

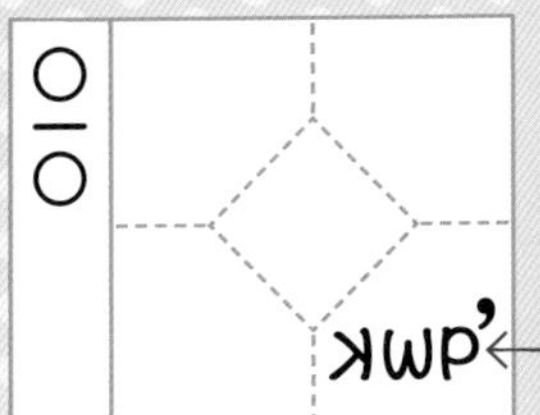

空振りしたが、キャッチャーが後逸。原因はピッチャーなので、ワイルドピッチになる。

ワイルドピッチによる振り逃げで出塁成功

空振りしたボールを後逸したので、振り逃げで一塁へ。パスボールの場合は「ꓘPB'」。

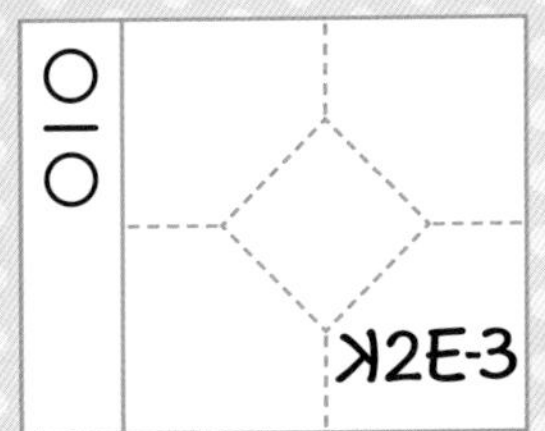

タイミングはアウトだが捕手の悪送球で出塁成功

振り逃げの原因はワイルドピッチとパスボールの他に、キャッチャーとファースト間のエラーがある。ファーストがエラーした場合は「ꓘ2-3E」。

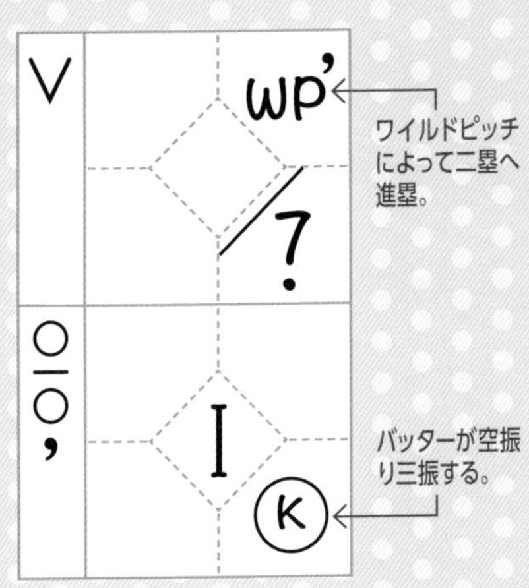

ワイルドピッチでの進塁

バッターは空振り三振。投球がワイルドピッチとなり、キャッチャーが後逸したのを見て、一塁ランナーは二塁へ。この場合、バッターは振り逃げができない。

振り逃げが成立する条件

左の例のように、ランナーが一塁にいるときは振り逃げができない。ただし二死ならできる。間違えやすいルールなので、ぜひ覚えておきたい。

ストライクを「K」と記入する理由

ノックアウト(Knock out)の頭文字を取って「K」になったというものや、3ストライクで三振なので、3画で書ける「K」になったというものなど、ストライクを「K」と記入する理由には、諸説ある。

ベースカバーを記入しよう

ベースカバーによるプレイは誰が、どこに、を明確にする

例えば一塁の欄に「1−3」とあれば、「ピッチャーゴロを、ファーストに投げてアウトにした」と、迷うことはない。しかし逆に「3−1」だと、書き間違えた可能性も否定できない。そこで塁にアルファベットを当てはめて、ベースカバーであることをはっきりさせる。捕球して自分でベースを踏んだときも、このアルファベットをつけて、「誰が」「どこに」を明確にできる。

4つの塁にA、B、C、Hのアルファベットをつける

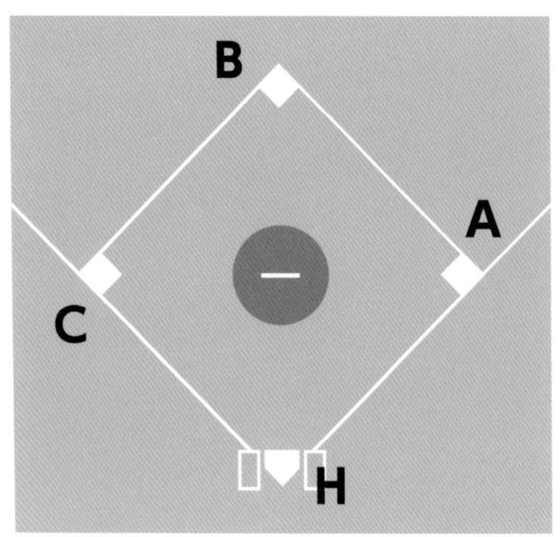

複数の塁に入りやすいポジション

- **ピッチャー** ➡ 一塁や本塁
- **セカンド** ➡ 一塁や二塁
- **ショート** ➡ 二塁や三塁

※ファーストは1塁、サードは三塁、キャッチャーは本塁から離れることは比較的少ない

実践例

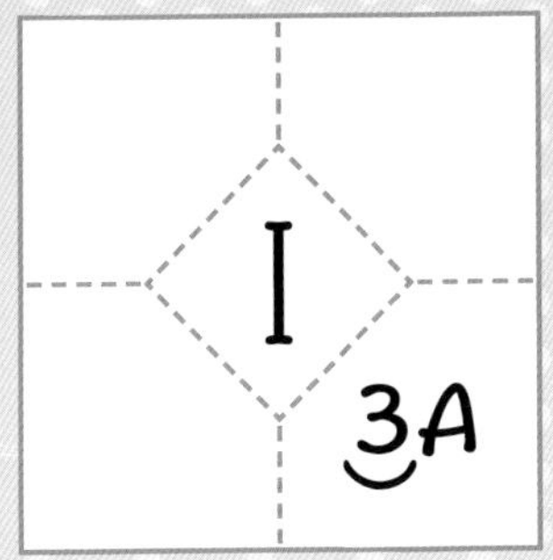

ファーストがゴロを捕りベースを踏む

「3」だけだとわかりにくいが、「3A」とすることで、自分で塁を踏んだことが明確になる。

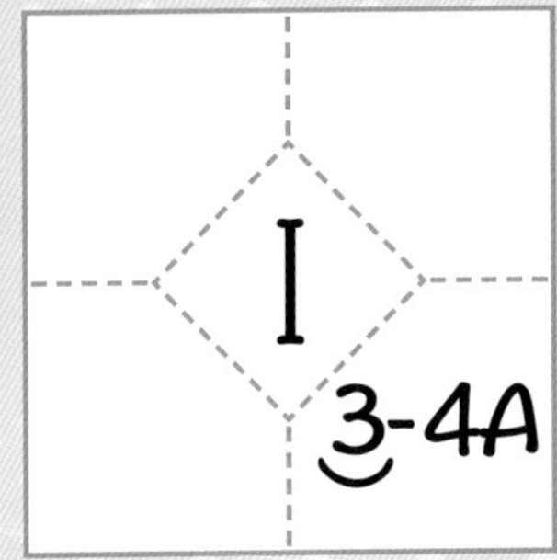

ファーストからの送球をセカンドが一塁で捕球

ファーストがゴロを捕って、ベースカバーに入ったセカンドへ送球した場合、「4」の横に「A」。

本塁でフォースプレイからセカンドのベースカバーへ

満塁の場面、ファーストゴロを本塁でフォースプレイ。セカンドが一塁ベースカバーしたので「4A」。

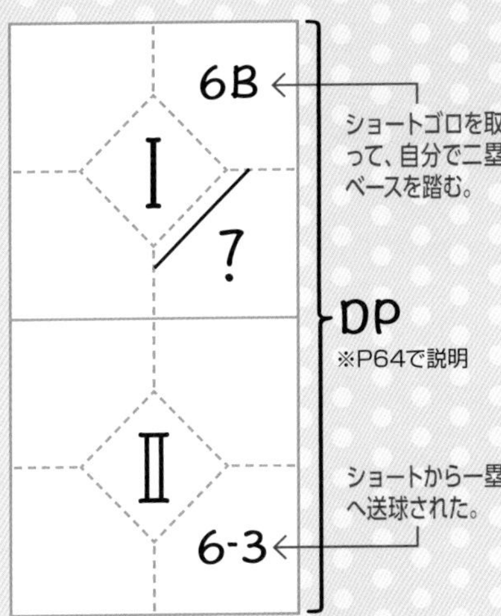

ショートゴロを捕って自らベースを踏む

ランナー一塁、ショートゴロで自らベースを踏んだので「6B」。さらに送球したので「6-3」。

07
BASEBALL SCOREBOOK

ダブルプレイとトリプルプレイ

記入することが多いので まずは最後までプレイを見る

2つのアウトを連続して取ることをダブルプレイ（併殺）という。めったに起こらないが、一度に3つアウトを取るトリプルプレイもある。複数のマスに記入しなければならないので、初心者スコアラー泣かせだが、まずはプレイを最後までしっかり見ることが大事。メモ用紙や余白に覚書をしておいて、チェンジのタイミングなどを利用して記入してもいい。

DP

ダブルプレイは「DP」と書く

ダブルプレイは、英語でDouble Playというので、この頭文字を取って「DP」と記入する。

}

関係した選手を「}」でつなぐ

関係したプレイのマス同士を「}」でつなぐ。最初にこれだけでも書いておけば、プレイを思い出しやすくなる。

TP

トリプルプレイは「TP」と書く

ダブルプレイと同じように、Triple Playの頭文字から取った「TP」を「}」の横に記入する。

実践例

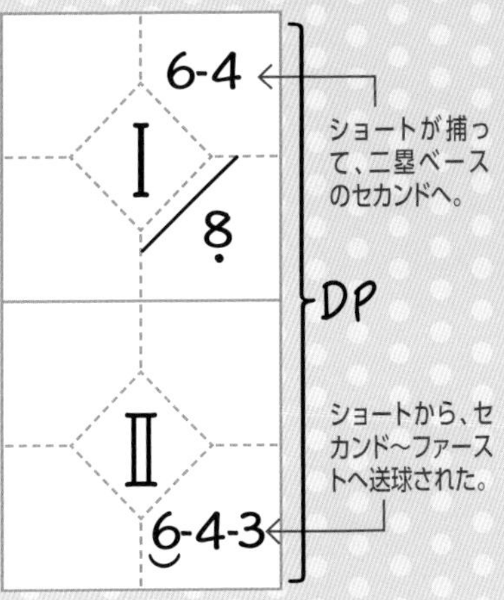

「6-4-3」とつなぐ典型的なダブルプレイ

ランナー一塁で、ショートゴロを打ち、二塁〜一塁とつなぐ典型的なダブルプレイ。

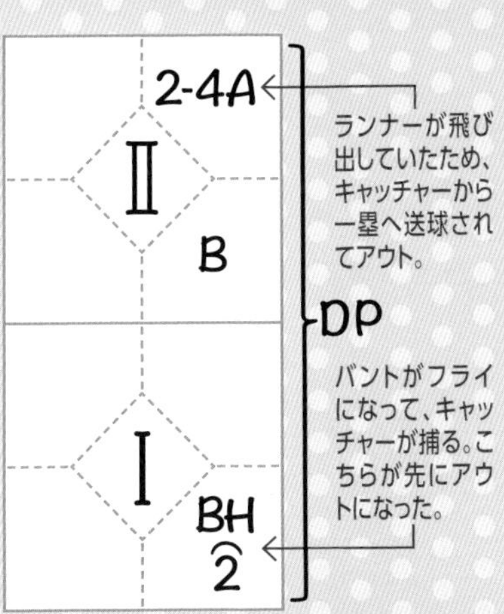

アウトになった順番に「Ⅰ」「Ⅱ」「Ⅲ」を記入

後ろの選手が先にアウトになることもある。アウトの順番を間違えないように。

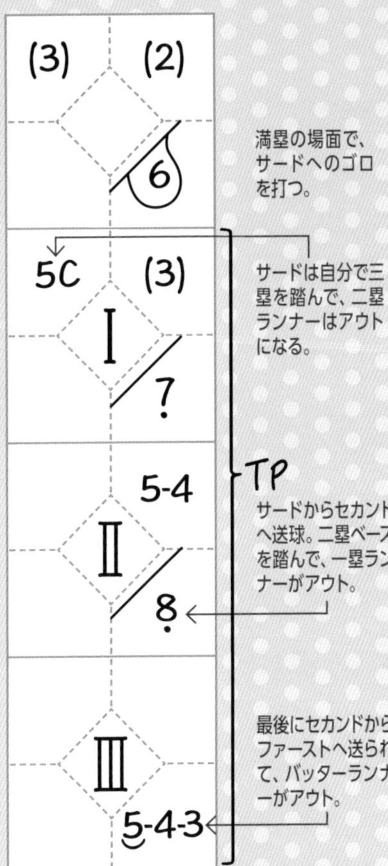

トリプルプレイも基本は同じ

3か所に記入するので、一見ややこしいが、記入の基本は変わらない。冷静に、丁寧に記入していこう。

犠牲バントと犠牲フライ

犠牲バントや犠牲フライは自己犠牲によるチームプレイ

バントをした本人はアウトになり、ランナーだけが進塁すると、送りバント（犠牲バント）として他のアウトとは区別する。また自分もセーフになると、内野安打(バントヒット)になる。フライによる進塁で得点したものも、犠牲フライとして区別する。こうした犠牲バントや犠牲フライは打数には数えない。

5-3

犠牲バントは四角で囲む

犠牲バントは、捕球～送球の数字を、四角で囲む。他の記入法もあるが、見やすく集計しやすいのでおすすめ。

BH
5-

失敗したときは「BH」と書く

送りバントが失敗したときは、通常のバッティングと区別するため、「BH」とつけておく。

犠牲フライは三角で囲む

犠牲フライは、捕球したポジションの数字を三角で囲む。打数には数えず、打点がつく。

実践例

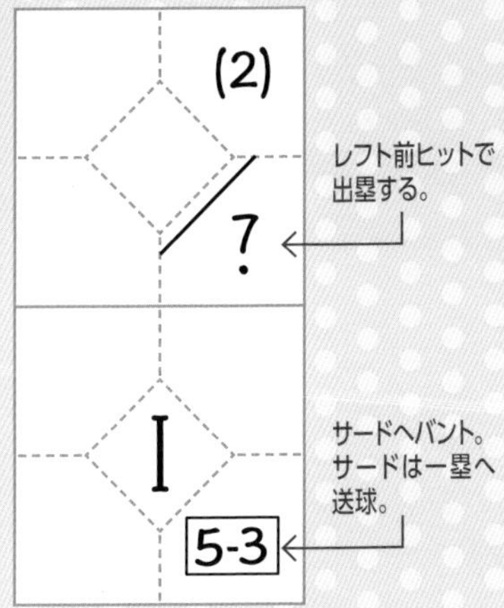

送りバントが成功したとき

バントを処理したサードの「5」と、送球先のファースト「3」を四角で囲む。

送りバントが失敗したとき

サードへのバントをしたが、二塁へ送球されたので、ランナーに「5-4」を記入する。

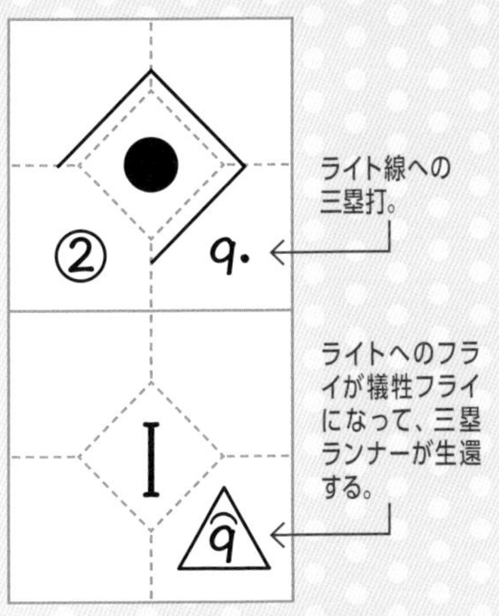

ライトへの犠牲フライが成功

フライを捕ったライトの「9」を三角で囲む。生還したランナーには、打った選手の打順を記入。

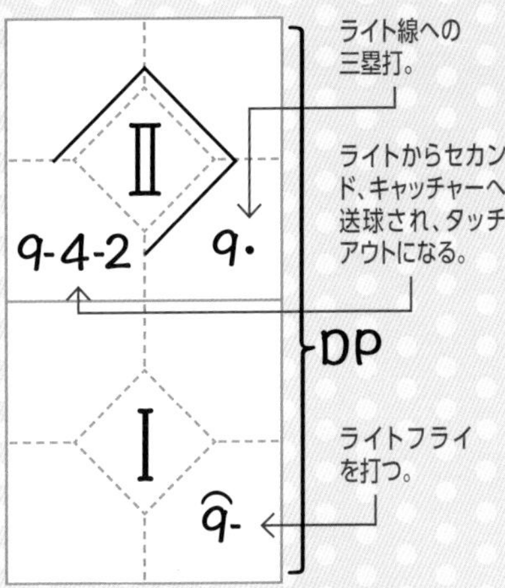

ランナーは進塁を試みるが失敗したとき

打った選手には「9」。セカンドのカットプレイを挟んでバックホームされたので「9-4-2」と記入。

勝投手を決めるときのルール① プロ野球編

ここでちょっと、野球好きでも意外と知らなかったり、勘違いしていたりする、勝投手を決めるときのルールについて説明します。先発投手が5回まで投げ切れば、その後にマウンドを降りても、そのままチームが勝てば勝投手になるのは知っていると思います。では、同点で交代したときは、勝投手をどうやって決めるのでしょう。大前提としてチームが勝ち越したときに投球していた投手が勝投手です。しかし、下の2つの例を見て下さい。

bチーム
先発のAが5回で交代
2番手のBが6～9回を投げた

aチーム	0	0	0	0	0	0	0	0	0	0
bチーム	0	0	0	0	0	1	0	0	0	1

《勝投手はB》

aチーム
先発のAが5回で交代
2番手のBが6～9回を投げた

aチーム	0	0	0	0	0	1	0	0	0	1
bチーム	0	0	0	0	0	0	0	0	0	0

《勝投手はA》

ケース2では、Aが勝投手ですが、先発投手として5回まで投げきり、その直後にチームが勝ち越ししたからです。もしこの得点が7回以降に入っていたら、勝投手はBになります。

※少年野球では、5回ではなく4回です。

4章

スコア記入の応用

さらに深い野球のルールと、その記入の仕方を説明していこう。なかには1試合で1度もないくらいレアな記号もある。
一度に覚えきれなくても、必要なときに読み返せればいい。

アピールプレイを記入しよう

アピールプレイには「※」で説明を加えておく

攻撃側チームの走塁ミスを、守備側チームが審判に確認することをアピールプレイという。アピールプレイは、タッチアップで野手が捕球する前にスタートを切ったときや、ベースを踏まずに先の塁へ進んだときなどに行われる。どちらもボールを持ち、走塁ミスがあった塁をアピールするので、「5C」などと記入する。あとでもわかるように「※」で何があったかを記入する。

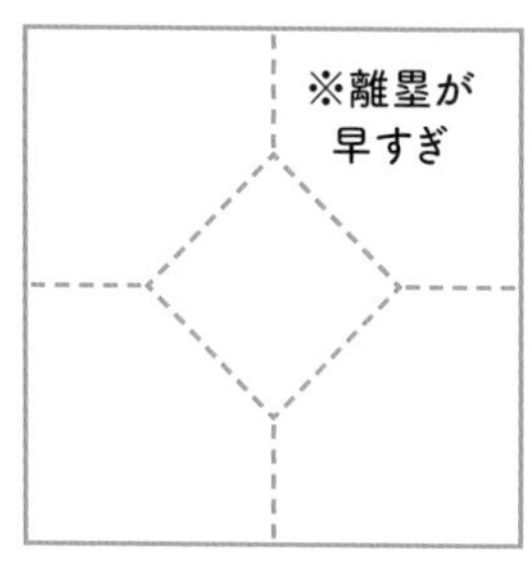

タッチアップの離塁が早かった

タッチアップの離塁が早かったときは、「※ランナーの離塁が早すぎ」などと注釈をつけておく。

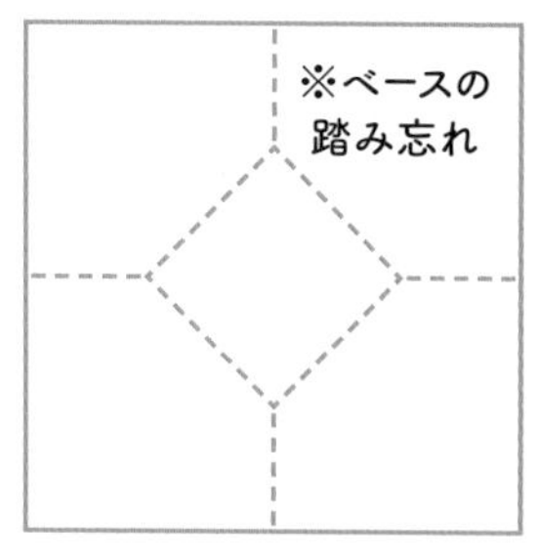

ベースを踏み忘れて進塁したとき

こちらも「※ベース踏み忘れ」などと記入。小学生はうっかりとベースを踏み忘れることがある。

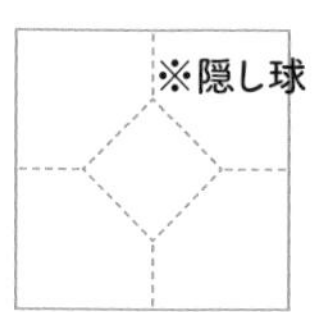

「※」で説明するとあとで混乱しない

アピールプレイとは違うが、打順間違いや隠し球にも「※」で何があったかを説明しておくとあとで混乱しない。

実践例

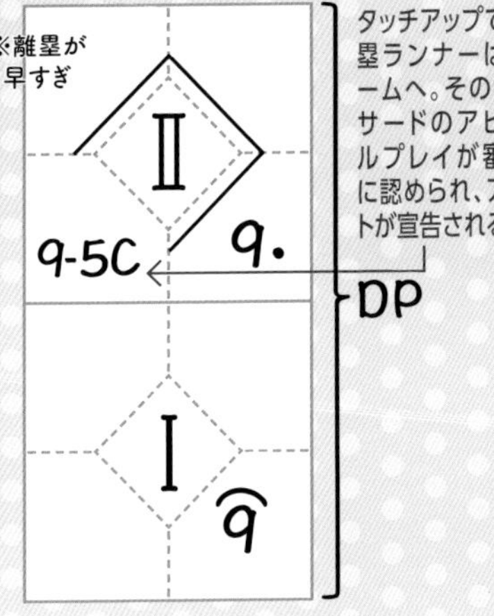

タッチアップが早かった

フライを捕球したライトからサードに送球され、三塁を踏んだので、「9−5C」と記入する。

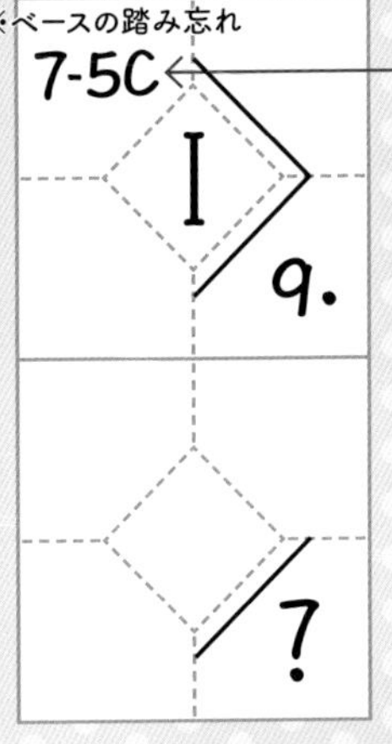

二塁ランナーが一気に本塁へ。その後、サードのアピールプレイが認められてアウトになる。

前のランナーが三塁を踏み忘れた

二塁から本塁まで進んだが、三塁を踏み忘れ。三塁への進塁が不正なので、その前の左上欄に記入。

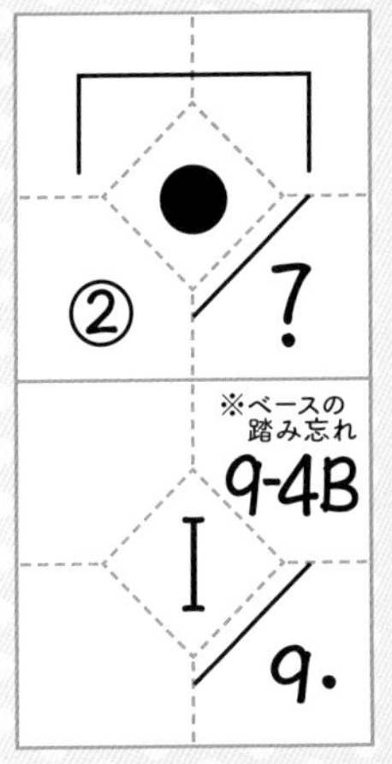

ライト線へのヒットで、一気に三塁へ。しかしセカンドが二塁を踏んでいないことをアピールし、アウトが宣告される。

打者走者が二塁ベースを踏み忘れた

三塁まで進んだが、二塁を踏み忘れ。一塁までの進塁は認められるので、二塁に「9−4B」。

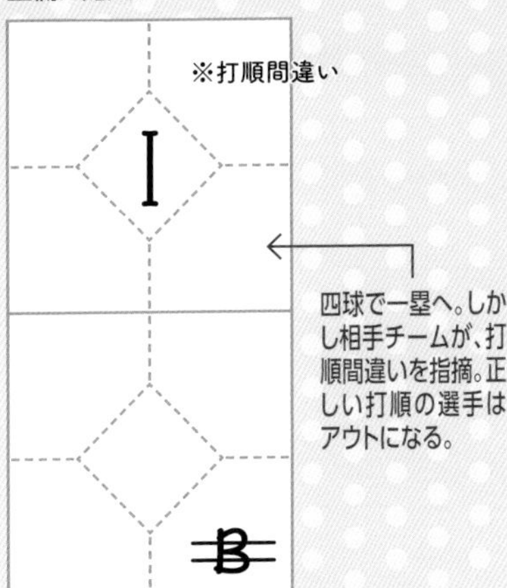

打撃完了後に打順間違いを指摘された

飛ばされたバッターはアウトなので「Ⅰ」。打撃結果は取り消されるので、二重線などで消す。

イリーガルプレイを記入しよう

野球の反則、違反である イリーガルプレイを覚える

守備側が打者の邪魔をすると打撃妨害、走塁を妨げると走塁妨害になる。反対に、攻撃側が守備側を邪魔すると、守備妨害だ。こうした「ルール違反のプレイ」をイリーガルプレイと呼ぶ。名前がいろいろあって、最初は混乱するかもしれないが、妨害かどうかは審判が判定してくれる。スコアラーは、その結果を記入すればいい。

IP	OB	IF

守備妨害は「IP」と書く

打者や走者が野手を邪魔したと判定されると守備妨害に。Illegal Playの頭文字を取って「IP」と記入する。

オブストラクションは「OB」と書く

守備側がランナーを邪魔したと判定されると、走塁妨害になる。Obstructionを略して「OB」と記入する。

打撃妨害は「IF」と書く

キャッチャーのミットが、スイングしたバットに当たると打撃妨害になる。Interferenceの略の「IF」と記入する。

実践例

一塁ランナーがセカンドの守備を妨害

一塁ランナーが二塁に走るときにセカンドの守備を妨害したので「IP4」と記入する。

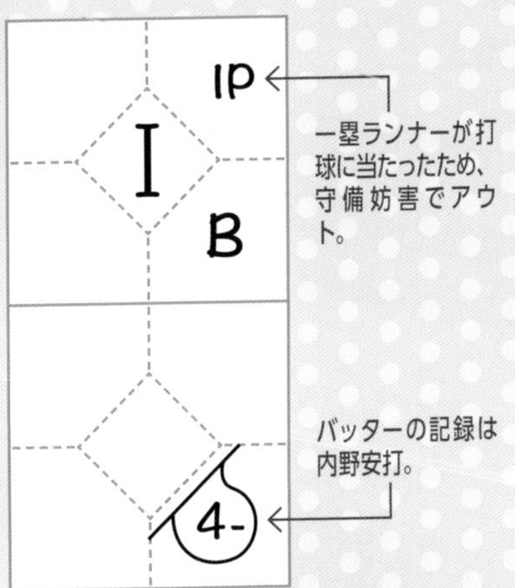

バッターの打球にランナーが当たった

バッターが打った一二塁間の打球に、一塁ランナーが当たったので「IP」と記入する。

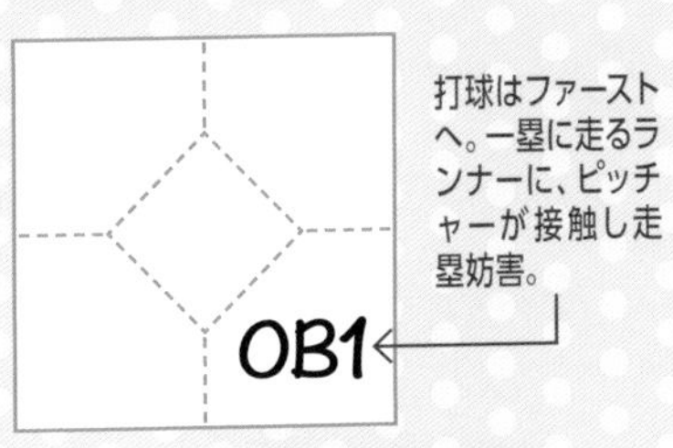

ピッチャーがランナーと接触

打球処理をしていないピッチャーがランナーを妨げたので「OB1」と記入する。

キャッチャーのミットがバットに当たった

打撃妨害があると、バッターには一塁が与えられる。「IF2」と記入する。

フィルダースチョイスを記入しよう

野手のプレイの選択がフィルダースチョイス

ゴロを捕った野手が一塁でバッターをアウトにする代わりに、前のランナーをアウトにしようとすることを、フィルダースチョイスという。例えばランナー一塁、送りバントをサードが捕って二塁へ送球するが、セーフになったとき。一塁に送球していれば、アウトになったタイミングなら、バントした選手には、ヒットではなくフィルダースチョイスを記入する。

FC

フィルダースチョイスの略のFCを書く

Fielder' s Choiceなので、その頭文字を取って「FC」と記入する。日本語に訳すと「野手選択」で、「野選」と縮める。

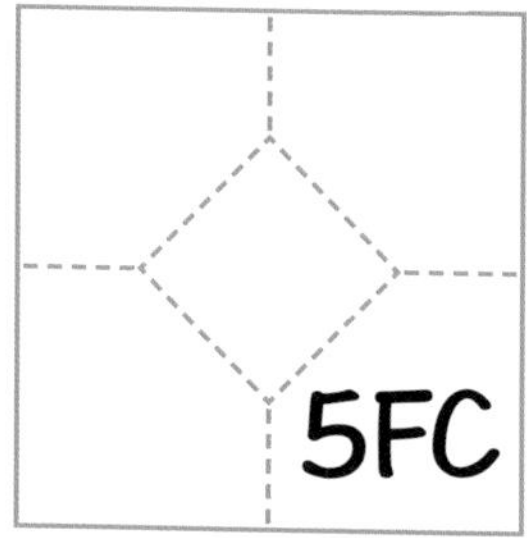

プレイをした野手のポジション番号をつける

フィルダースチョイスをした野手の番号を、「FC」の前か後ろにつける。ヒットの「／印」はつけない。

実践例

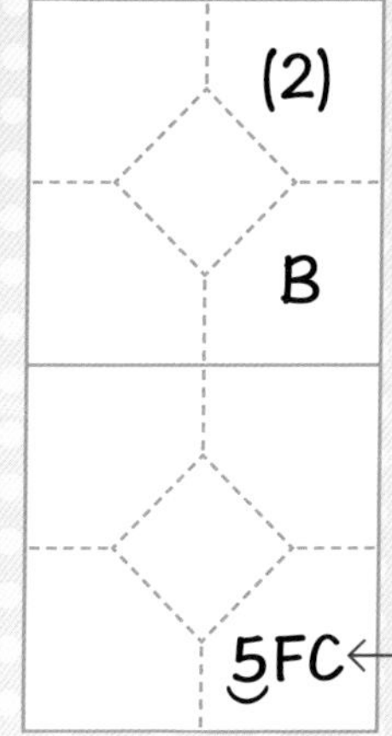

ランナー一塁で、サードゴロを二塁へ送球したが、どちらもセーフになる。

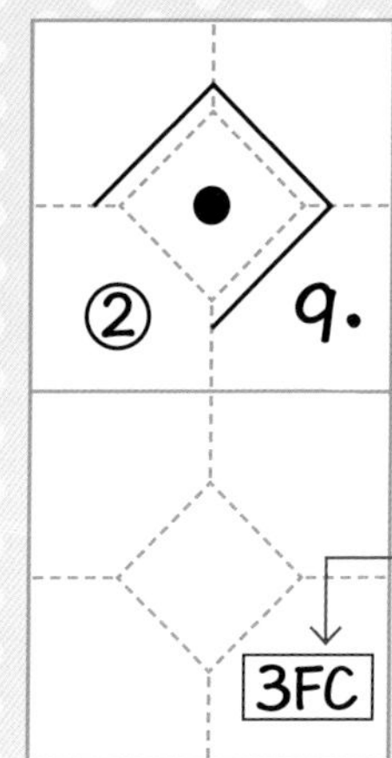

スクイズをファーストが捕り、三塁ランナーが走ったのを見て、本塁へ送球するが、セーフになる。

ゴロを捕ったサードが二塁へ送球した

ゴロを捕ったサードが、一塁へ送球していればアウトになったはずならば、5FCと記入する。

スクイズを本塁へ送球した

打球だけ見ればただのファーストゴロで、一塁に送球していればアウトならば、3FCと記入する。

野手が無関心の進塁も野選になる

プロ野球の公式記録では、走者一塁で、一塁手がベースを離れて守り、かつ走者がスタートしてもキャッチャーが送球しなかった場合、盗塁を記録せず、フィルダースチョイスとしている。

選手交代を記入しよう

選手交代は波線を引いて新しく出場した選手名を記入

スタメン選手名の下に記入していく

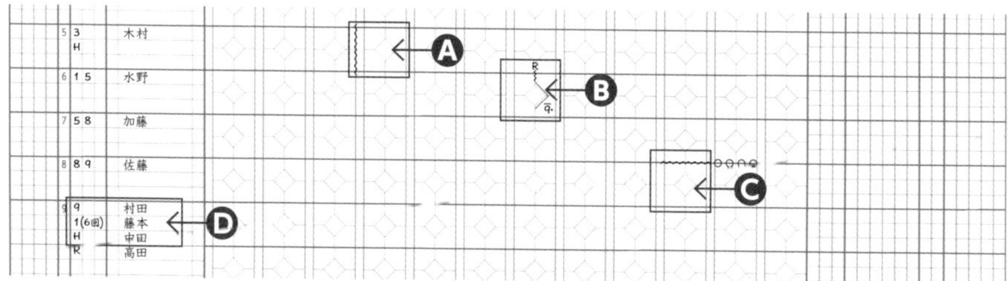

交代する選手の下に、新しく出場する選手名を記入する。代打、代走のときは、攻撃が終わってそのまま守備につくなら、そのポジションも記入する。守備交代、投手交代があるなら、さらに下に追加していく。

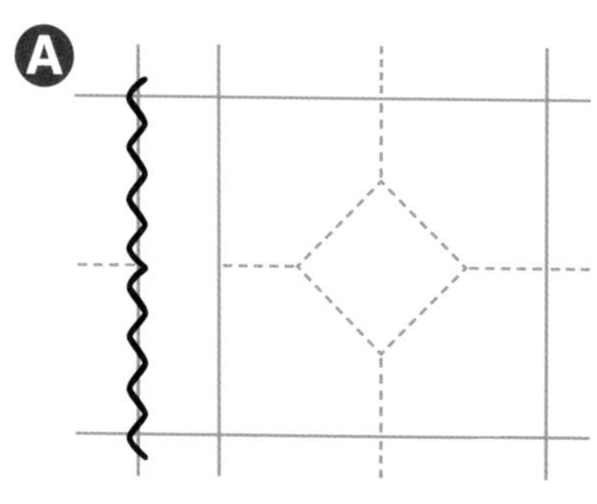

代打の記入

代打は、マスの左に波線を引き、出場する選手名を記入する。波線よりも左側までが、元の選手の打席、波線より右が新しい選手のものとなる。

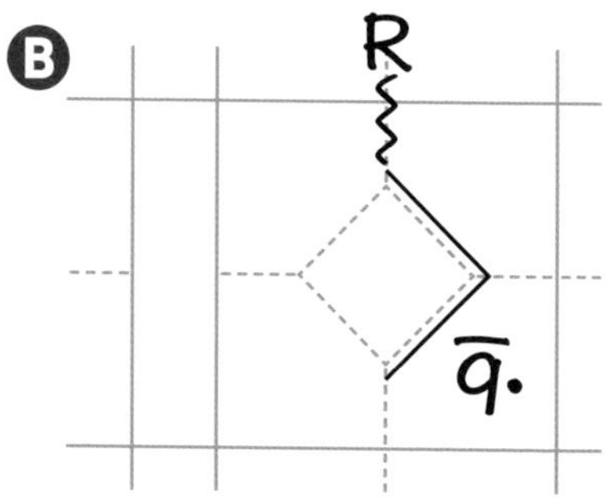

代走の記入

代走はマスの左側に波線を引き、出場する選手名を記入する。この打席までは、前の選手によるもの、波線よりも後ろは、新しい選手のものとなる。

選手交代には、4つのパターンがある。攻撃側は、代打と代走。それぞれ英語では、Pinch Hitter、Pinch Runnerなので、略して「PH」、「PR」と記入する。守備側は、投手交代と守備交代がある。投手交代は、どのバッターと対戦しているときに交代にしたのか明らかにするために、相手チームの面に記入する必要がある。これら選手交代は、波線を引いて、新しく出場した選手名を記入する。

C

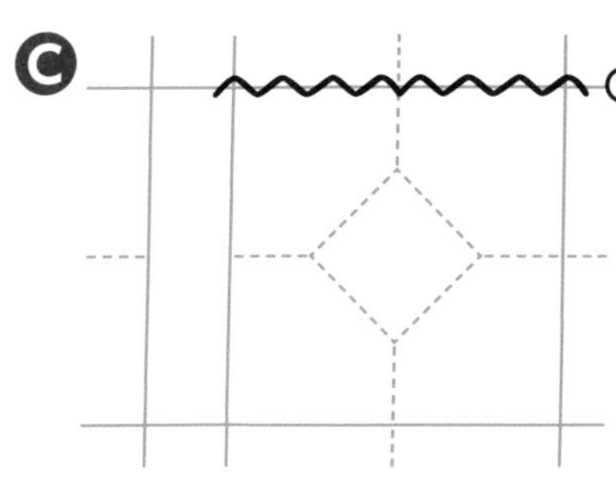

投手交代の記入

投手交代は、横に波線を引き、出場する選手名を記入する。打席の最初からなら、マスの上に波線。打席の途中からなら、投球の欄に波線を引く。

D

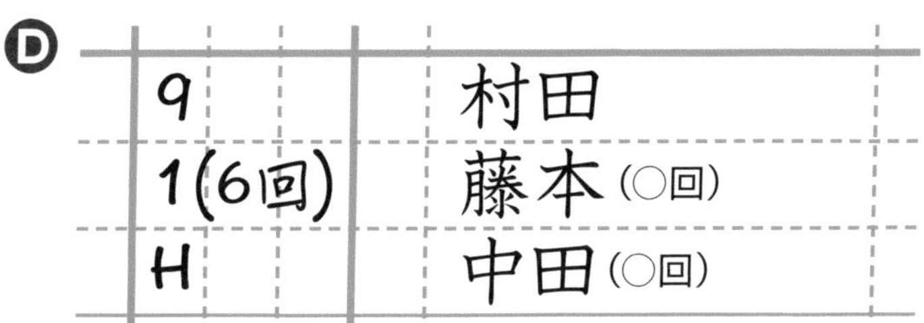

守備交代

守備交代が起きるのは、相手チームの攻撃中なので、選手名の後ろに（○回○／3）と交代したタイミングがわかるようにしておく。

選手交代で記入することを整理する

ピッチャー交代は、スコアブックの両ページに記入する必要がある。後で振り返られるように、必要な事項だけをメモしておいて、攻守交代などのタイミングで整理しながら記入しよう。

牽制球を記入しよう

牽制によるアウトやランダウンプレイの記入方法

ピッチャーやキャッチャーが、ランナーがいる塁へ送球することを牽制という。ランナーはできるだけ先の塁に近づこうとして、リードが大きくなりがち。そういうランナーをアウトにしたり、リードを小さくさせたりする効果がある。牽制でアウトになったり、ランダウンプレイが起きたりしたら、その結果を書く。牽制があっても、何も起こらなければ記入する必要はない。

アウトになったら投球欄に「,」と書く

牽制球でアウトになったら、投球の欄に「,」を記入する。アウトにならなければ、書く必要はない。

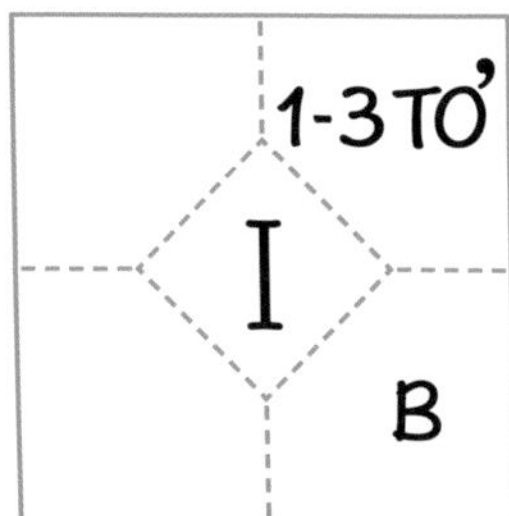

牽制球でアウトになった

ピッチャーからファーストに牽制球があって、ランナーがタッチアウトになったら「1-3TO」と記入する。

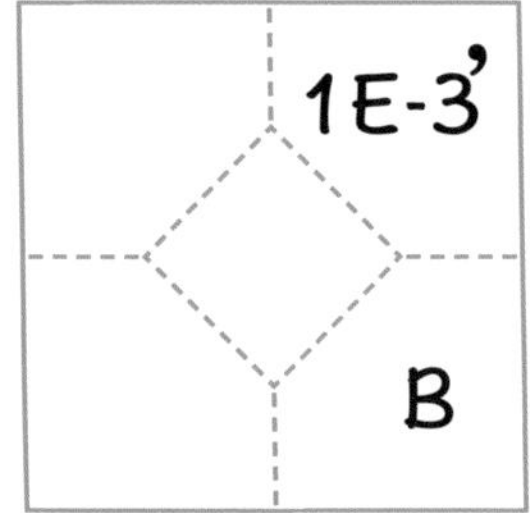

ピッチャーが悪送球をした

ピッチャーの牽制球が悪送球になったため、ファーストが捕れずにランナーが進塁。「1E-3」と記入する。

実践例

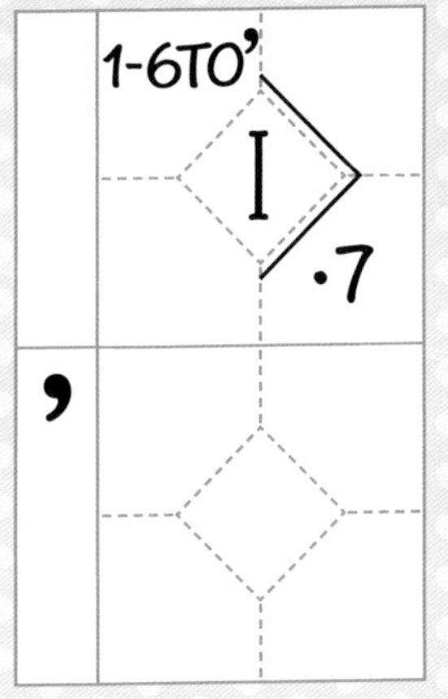

ピッチャーが二塁へ牽制球。タッチアウトになる

牽制球で二塁ランナーをタッチアウト

ピッチャーの牽制球で、ショートがランナーをタッチアウトにしたので、「1-6TO」と記入する。

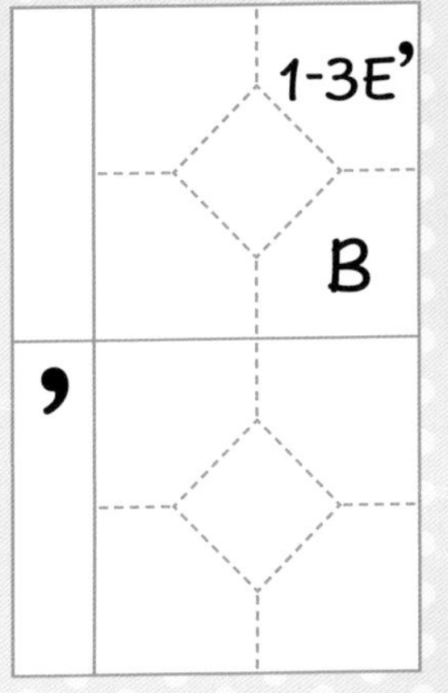

ピッチャーがファーストへ牽制球。ファーストが捕れずにランナーが進塁する

ファーストの捕球ミスなので「3E」になる

ピッチャーの牽制は問題なかったが、ファーストがキャッチできなかった場合、「1-3E」になる。

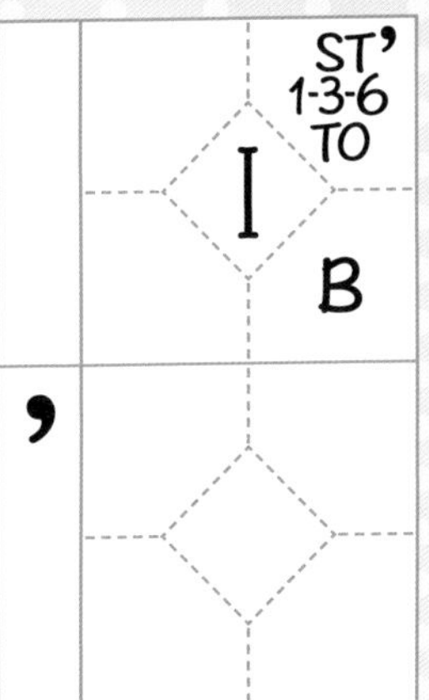

ピッチャーが牽制すると、ランナーが飛び出して、二塁へ向かう。ファーストからショートへ送球されて、アウトになる

二塁へ進もうとしてアウトに

こちらも牽制で飛び出したが、ランナーはそのまま二塁を狙ったので、盗塁の失敗になる。

投球コースの記入もできる

ストライクゾーンを4分割や9分割で記入する

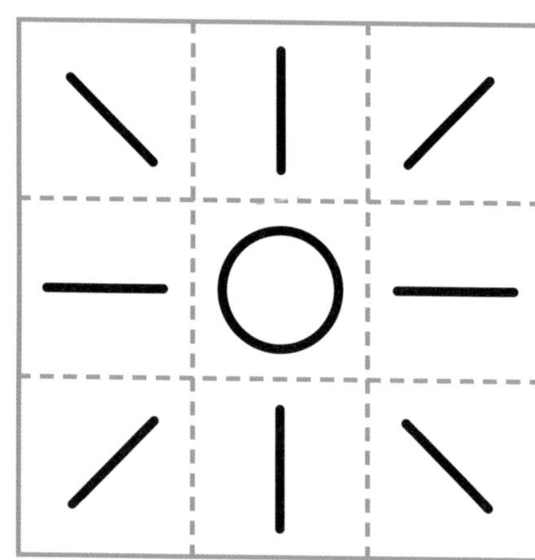

9分割した投球コースの書き方

ストライクとボールの記号から8方向へ短い棒線を伸ばせば、9分割した投球コースを示せる。9分割が難しければ、縦横に1回だけ割った4分割でもいい。

見逃しストライク

空振りストライク

ボール

※コースを記入するときは、ボールを「ー」ではなく「●」にするのがおすすめです。

投球のコースまで記入しておくと、さらに深い分析に役立てられる。ストライクゾーンを4分割や9分割して、「○」や「◎」に短い棒線をつける。ボール球を空振りしたときは、「○」の中に「●」を書くなど、工夫できる。ただしボールカウントを記入するスペースは狭いし、コースの見極めは初心者にとって難関である。余裕が出てきたらチャレンジしてみよう。

実践例

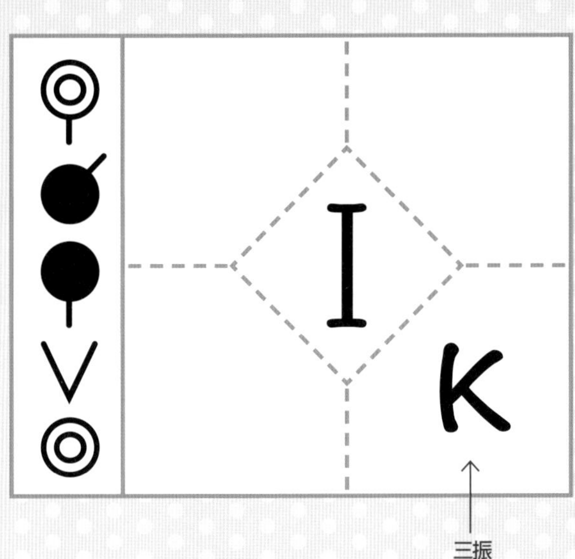

投球内容

1球目
低めのボールを空振り

2球目
外角高めのボールを見逃す

3球目
低目のボールを見逃す

4球目
スイングしてファウル

5球目
真ん中のストライクを空振り

投手にも打者にも役立つ情報になる

ある程度の打席数を記入して、それを分析してみると、傾向が見えてくることがある。ピッチャーにも野手にも貴重な情報。それをどう生かすかは、考え方と工夫次第だ。

勝投手を決めるときのルール② プロ野球編

勝投手の決め方について、もうひとつ。途中で勝ち越したのではなく、勝っている試合で、先発投手が5回まで投げずにマウンドを降りた場合はどうなるでしょうか? この場合、リリーフした中で勝利をもたらすのにもっとも効果的な投球を行ったと、公式記録員が判断した投手が勝投手となります。他の投手よりも1イニング以上多く投げていれば、その投手を勝投手としますが、投球回の差が1イニング未満であれば、公式記録員が勝投手を選ぶことになります。

先発のAが4回で交代
2番手のBが5～7回を投げた
3番手のCが8～9回を投げた

aチーム	5	5	0	0	0	0	0	0	0	10
bチーム	0	0	0	0	2	2	0	0	0	4

《勝投手はB》

先発のAが4回で交代
2番手のBが2回2/3を投げた
3番手のCが2回1/3を投げた

aチーム	5	5	0	0	0	0	0	0	0	10
bチーム	0	0	0	0	2	2	0	0	0	4

《勝投手はBかCをスコアラーが選ぶ》

どちらも長く投げたのはBですが、4失点しています。Cは取ったアウトの数は少ないですが、無失点です。ケース1の場合は、Bが1イニング以上多く投げているので、勝投手はBになります。ケース2ではBの方が1/3多く投げていますが、失点していないCの方が効果的と言えそうですね。ただし、Cがセーブの記録される場面で登板していれば、失点に関わらずBが勝投手で、Cにセーブが記録されます。

5章

スコア記入をもっと知ろう

スコアブックをつけるときに見落としがちなこと。
プロの実践法。
もっと効率的に記入するには?
もっとスコアブックについて知りたい。
この章では、そんな情報をまとめて紹介。

スコア記入を実践しよう

先輩のスコアを横で見ながらコピー用紙につけてみる

試合のテンポを感じる

試合が始まれば、ゲームセットまでプレイはどんどん進んでいく。スコアラーが記入し終わるのを待ってくれないのだ。手際よく、すばやく記入していかなければならない。ワンプレイをどれくらいの速さで記入すればいいか。まずはこのスピード感を肌で感じよう。

ワンプレイを最後まで追う

手際よく記入するのと、矛盾するようだが、「ヒットを打った」とすぐに顔を下げて書き始めてはいけない。打球はどのポジションが捕ったのか、どこへ送球したのか。そしてランナーはどこまで進んだのか。ランナーが各塁で止まり、ボールがピッチャーに返球されるまでがワンプレイ。これらをすべてしっかり見たうえで記入を始める。

第1章からここまでひと通り読んだら、実際にどんどん練習していこう。記号をすべて覚えていなくても大丈夫。一覧表を手元に置いて、確認しながらでいい。もちろん最初は試合展開に追いついて行けないかもしれないが、とにかく実践あるのみ。慣れることが大事だ。練習には実際のスコアブックではなく、コピーで充分。先輩スコアラーの横や後ろに座って、わからなければどんどん聞こう。

わからないことはメモしておく

最初は必ずわからないことが出てくる。そういうときは、とにかく悩まない。悩んでいる間にも次のプレイが始まってしまう。一度遅れてしまったら、書けるはずの次のプレイも追いつかなくなる。最低限ランナーの位置だけはメモしておいて、後で知っている人に聞くようにする。

聞きやすい人に聞く

チームによっては、監督やコーチもスコアを記入できる。スコアラーは監督やコーチの近くに座ることも多いので、その中の聞きやすい人の目星をつけておいて、聞けることは聞いてしまおう。

聞くタイミングに注意する

先輩の隣で練習中、わからないことは聞いた方がいいといっても、いつでも教えられるとは限らない。プレイが途切れたとき、タイムがかけられたとき、イニングの合間など、手が空いているときを選ぶようにする。

プロ野球の記録員として1軍公式戦デビューまで

公式記録員としてデビューするまでは、4〜5年かかる。最初は先輩と一緒に、ファームを中心に1カ月に40試合くらいつけて練習する。とにかく数をこなして慣れることが大事だ。

少年野球ならではの注意点

グラウンド特有のルールや大会特別ルールも把握する

少年野球でよくある特別ルールや設定

1 メンバー表の交換を省略

練習試合では、メンバー表の交換を省略することもある。相手チームの選手は、特徴などを探して記入しなければならないこともある。

2 背番号がない

まだユニフォームも揃っていない低学年同士の練習試合では、背番号で選手を管理できない。このときも、選手の特徴などで選手を区別できるようにする。

3 グラウンドルールが設定されていることも

少年野球では、外野フェンスがなかったり、外野の先に草むらや川があるところで試合をすることも。そういうときはグラウンドルールを設定するのが一般的。説明がないことも多いので、審判の判定をよく聞いてスコアをつけよう。

4 時間制の試合が多い

これも特別ルール。大会は1日で消化しなければならない試合数が決まっているため、イニングではなく、時間でゲームセットになることも多い。スコアのどこに記入するか決めておく。

少年野球では、特別なルールが設定されることがある。特に大会では、1日に消化しなければならない試合数が決まっているので、7イニングではなく、時間制限で行われることが多い。また、河川敷やスポーツ広場には、内・外野のフェンスがないこともある。特別なグラウンドルールの判定に戸惑うことがあるかもしれないが、そういうときも、慌てずに審判の判定通りに記録すればいい。

その他の注意点!

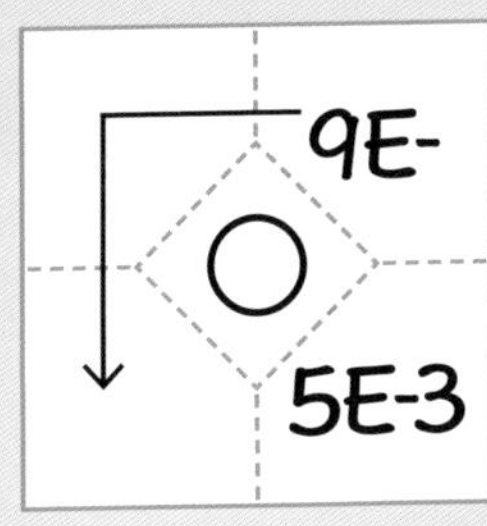

省略、簡略化する

一塁への送球が暴投。外野手からの返球も悪送球。ボールがあっちこっちを飛び交った末に、ランナーがすべて生還ということもある。こうなると、それぞれのランナーが、どのエラーでどこまで進んだのかははっきりしない。そんなときは、すべてを記入しようとせずに、省略したり、簡略化したりしていい。

6	4	服部	4
	4	小堺（2回）	21
7	8	山田	6
	8	坂本（3回）	14
	7	渡部（4回）	15
8	7	林	7
	7	西村（2回）	20
	8	岡田（4回）	11
9			

少年野球は選手交代が多い

少年野球では、どこかのポジションを専門に守るというよりは、あの子がこっちに入ったから、この子はこっちに入れておこう、といった選手交代も多い。これもどこまで記入するか。どこからは省略するか。チーム内のルールを決めておくといい。

打者一巡以上で大量点が入ることもある

力の差があるチームと対戦することもあり、打者一巡の攻撃や、10点以上の大差がつくこともある。1イニングで二巡するときは、次のイニングの数字を二重線で消して、イニングを書き直す。

習慣にしておきたいこと

意識的に見ようとしないと見逃しやすいプレイがある

カウンターで投球数を管理

少年野球には球数制限がある試合が増えている。球数をカウントして監督と共有するのは、スコアラーの大事な仕事だ。これには、カウンターを使うのが一般的。カウンターを操作するタイミングを決めておかないと、カウントしたか、まだしていないか、迷いがちなので注意する。

ココがポイント!

投球されたらまずカウント。
その後スコアを記入する

牽制球に注意

投球モーションに入ったため、カウントしたものの、そのモーションが牽制球だったということがある。こうなると次の投球まで集中しておかないと、次の投球でまたカウントしてしまうというミスが起こりやすい。

空振りでも、ゴロでも、ピッチャーが投げたボールを、バッターがスイングすると、自然に目で追うため、記憶されやすい。漠然と見ていても、スコアは記入できる。しかし、中には意識的に「見よう」としないと、見逃してしまったり、後から思い出せなかったりするプレイがある。趣味で野球を観戦するのとはちょっと違った、スコアラーの視点を整理して、見るべきポイントを習慣化しよう。

ストライク・ボールを聞く

カウンターを操作したら、次に主審のストライク、ボールの宣告を聞き、ジェスチャーを見る。投げた直後に目を離してしまうと、どちらかわからなくなってしまう。特にランナーがスタートを切るなど動きがあると、そちらに目が行きがちなので注意する。

連続するプレイを最後まで見る

外野に打球が飛んだときは、プレイが続く可能性があるので、最後まで目を離さない。例えば二塁ランナーがホームへ走ると、バックホームされるが、これを内野手がカットプレイに入ったかどうかは、見逃しやすい。

カウンターでなく投球記録で管理

片手でカウンターを使って、利き手で記入。慣れればいいが、習慣になるまでは、間違いが起きやすい。そこでカウンターではなく、スコアブックの投球の記録で球数を管理するのも一つの方法だ。今この瞬間の投球数はわからないが、チェンジのときに計算して、メモに書いて管理すればいい。

スコアのつけ方上達のコツ

覚えると決めたら 一気に練習するのがおすすめ

プロ野球、高校野球はつけやすい

テレビで見られて、手軽だし、ひいきのチームなら感情移入できる。また少年野球では、スコアラー泣かせなイレギュラーなプレイが出ることが多いが、プロ野球や高校野球は、プレイがしっかりしているので、記入しやすい。

スコアはたくさんつけた方が早く上達する。間隔を空けると、せっかく覚えたことも忘れてしまうので、トレーニング時期には続けて記入した方がいい。でも一般的に試合は1週間に1度くらい。スコアラーが数人の交代制だとすると、順番が回ってくるのは数試合に1度ということも。そこで、プロ野球などをテレビ観戦して練習するのが、手軽でおすすめ。高校野球でもいい。

終わった試合を振り返りながら

今は試合を動画撮影することも多いはず。そこでその録画を見ながら練習する。間に合わなければ、停止もできるので、自力で書き切るという練習になる。また先輩スコアラーのものと比較して、答え合わせもできる。

勉強するときは一気にやる

可能なら、毎日スコアをつけるくらいの気持ちで集中して一気に勉強するのがおすすめ。1週間空くだけでも、せっかく覚えたものを忘れてしまう。

対戦チームのスコアを見せてもらう

メンバー表の交換がなかったときなど、どの選手のプレイだったか、見逃してしまうこともある。そんなときは、試合後に時間があれば、相手チームのスコアブックを見せてもらおう。他人のスコアブックを見ると、新しい発見があることも。ファインプレイを記入するなどオリジナリティを追求するのもおもしろい。

ボールデッドを活用しよう

ボールデッドとインプレイの違いを覚えよう

ボールデッドになるとき

1 審判が「タイム」を宣告する
選手交代など必要があって、審判が「タイム」を宣告したとき。

2 デッドボールが宣告される
バッターに投球が当たり、審判がデッドボールと判定したとき。

3 バッターがファウルを打つ
バッターがファウルを打ち、審判が「ファウル」と宣告したとき。

4 ボーク、守備妨害、走塁妨害、打撃妨害
これらが起き、審判が「タイム」を宣告してプレイを止めたとき。違反に応じて、ランナーの進塁、アウトの宣告が行われる。

5 送球がベンチに入る
送球などによって、ボールがボールデッドゾーン（ベンチやスタンド）に入ったとき。

6 ホームラン、エンタイトルツーベース
打球が外野のフェンスを越えて、ボールデッドゾーンに入ったとき。

次に審判が「プレイ」を宣告するまでボールデッド!

ぜひ覚えてほしいルールが、ボールデッドだ。ボールデッドの間は、プレイは完全に止まる。スコアラーが目を離しても、気を抜いてもいい時間だ。この間に、スコアの記入が間に合わなかったところを書いてもいいし、おしゃべりしてもいい。逆にプレイがつながっているのが、インプレイのとき。なかにはボールデッドのように見えても、インプレイのこともあるので、違いを覚えておこう。

ボールデッドと勘違いしやすいとき

1 ヒットを打って出塁

バッターがヒットを打って一塁へ。ランナーは一塁で止まって、ボールがピッチャーへ返球される。一見プレイは止まっているように感じるが、インプレイのままだ。

2 アウトになったとき

ゴロを送球したり、フライを直接捕ってアウトになったとき。

3 フォアボール

デッドボールとの違いに注意。一塁への進塁が認められることに変わりはないが、フォアボールの投球をキャッチャーが後逸していたら、先の塁を狙うこともできる。

4 ファウルチップ

バットでかすったボールをキャッチャーが直接捕ったら、空振りと同じ判定になる。つまりインプレイだ。キャッチャーが落としたらファウルなので、ボールデッドになる。

ボールデッドなら寝ていたっていい

スコアラーは、プレイ中は常に集中していなければならない。しかしボールデッドだけは別。極端なことをいえば、この10〜15秒間は寝ていたっていい。逆にいえば、スコアラーはこのときくらいしか気を休められない。集中するためにも、オフにする時間を貴重にしたい。

メモ用紙を活用しよう

スコアブックに書く前の下書きや覚書を残す

3-6-3-4TO

ランダウンプレイに関わった選手

ランダウンプレイは、少ないときは2〜3人だが、多いと5人以上になることも。いつまで続くかわからないことを、最初から最後まで頭に入れるのは不安だ。そこで、関わった選手のポジション数字をとりあえず書いておく。

9-4-2-3-6TO

外野からのバックホーム

ランナー二塁で、ライト前へのヒットを打った。ランナーがホームを狙ったとき、カットプレイからバックホーム。さらにその後ランダウンプレイへと続くことがある。こうなると、記入するマスが複数になるので、すべての流れだけをメモしておく。

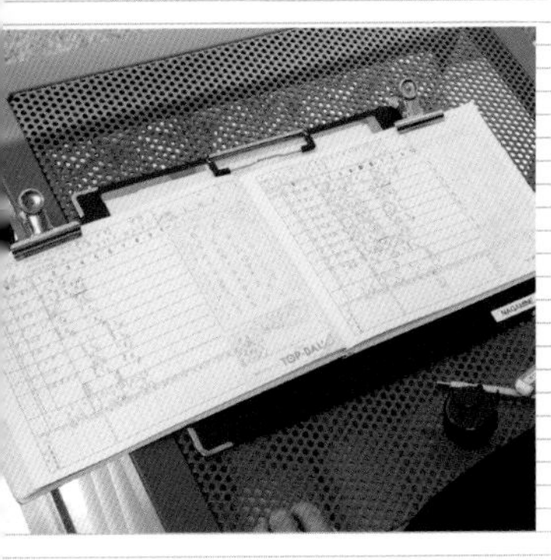

スコアブックとは別に手元に白紙のメモ用紙を用意しておくと、必要なことを殴り書きしておけるので便利だ。スコアブックは他人が見ることを前提に記入するので、できるだけ丁寧に書いて残したい。そこで、正式に書くこと以外は、別紙に書くようにする。これはただのメモなので何を書いてもいい。試合中に浮かんだ疑問点、覚書、下書きなどがある。

満塁　6番
ツーベース
2人ホームイン
二三塁

6回2死からの
プレイ
○時○分

書き切れないと思ったとき

ランナーが多い場面で、ヒットが出て得点となると、書かなければならないマスが複数に渡る。自分が記入するスピードと、試合のテンポを比較して、書き切れないと判断したら、とりあえず起きたプレイをメモ。イニングの合間などに清書する。

疑問点やわからないプレイ

何が起きたのか理解できなかったとき、そのイニングやアウトカウント、時間などをメモする。あとで映像を見返したり、詳しい人に聞いたりするときの手掛かりになる。

投手交代時の最大失点について

ピッチャーが交代したときまでに出塁していたランナーは、前のピッチャーの責任。つまりこれが前のピッチャーの最大失点になる。交代したときのランナー数をメモしておくと、ランナーが入れ替わったときも、混乱を防げる。

07 BASEBALL SCOREBOOK

起きているプレイをつぶやこう

音として耳から情報を入れると記憶がしやすい

ライト前ヒットからのランダウンプレイ

こんなプレイ 1死ランナー二塁。ライト前ヒットで、ランナーがホームへ向かい走る。ライトはバックホームするがセカンドがカットしてサードへ送球。ランダウンプレイになって、サードでタッチアウト。打ったランナーはランダウンプレイを見て二塁へ向かう。サードはセカンドへ送球してタッチアウト。

「きゅう、よん、ご、に、ご、アウト、ご、よん、アウト」

9-4-5-2-5TO
5-4TO

注意しよう!

あとで思い出しにくいのが、ショートがカットしたかどうか。ライトからサードに直接送球したのか？ となりがち。

チェンジになってから、メモを見ながらスコアブックに記入できる。

プレイを目だけで追って記憶するのは、限界がある。そこでメモしながら、同時に口に出してつぶやくというのは、一時的に記憶するのに有効だ。例えばランダウンプレイなら、「よん-さん-ろく」と言いながらメモをする。また盗塁が起きたときも「スタート」とつぶやいておく。キャッチャーからの送球がエラーになったり、ランダウンプレイになったりしたら、そのきっかけを思い出しやすい。

複数のプレイが立て続けに起きた

こんなプレイ ランナー一・三塁。一塁ランナーが盗塁。バッターは空振り。キャッチャーからの送球をショートがベースカバーに入って捕るが、三塁ランナーもスタートを切っているのを見て、バックホームするが悪送球。一塁ランナーは三塁まで進む。

「スタート、
スイング、ろく、
エラー、に」

2-6-E-2

注意しよう!

あとで思い出しにくいのが、ストライクは見逃しか、スイングかだ。また二塁のベースカバーに入ったのが、セカンドかショートかも見逃しがち。

▼

見終わってから「スイング」「セカンド」「ショート」と、つぶやくクセをつける。

記入の優先順位をつける

残ったランナーを先に書き いないランナーは後回し

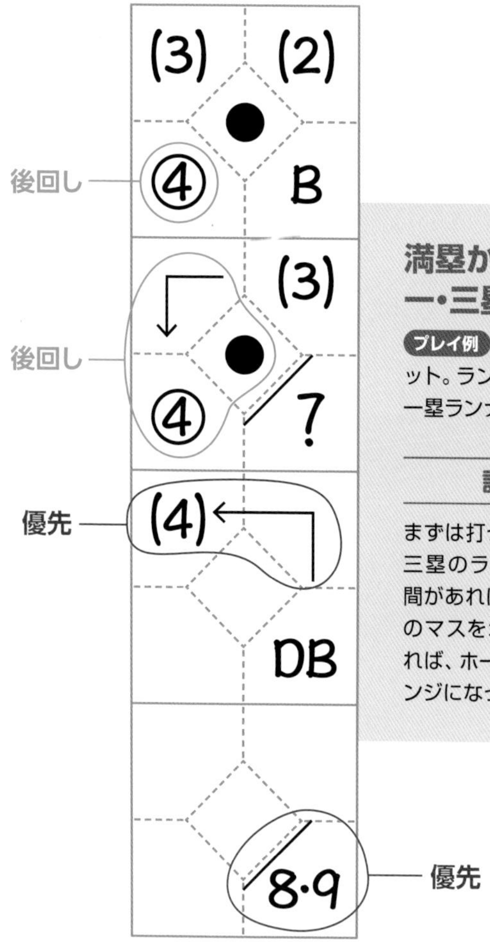

満塁からヒットで一・三塁に

プレイ例 1死満塁で、右中間へヒット。ランナー2人が生還して、一塁ランナーは三塁へ。

記入する順番

まずは打ったランナーと、残った三塁のランナーを記入する。時間があれば、ホームインした選手のマスを埋める。間に合わなければ、ホームインした選手はチェンジになってから書けばいい。

1つのプレイで、複数の欄に記入しなければならないとき、初心者は上から順番に記入しようとしがちだ。ただこれだと満塁でヒットが出たときには、4つも書かなければならないため、記入し終わる前に次のプレイが始まってしまうことがある。実は大事なのは、残ったランナーがどこにいるのか。これさえ記入しておけば、次のバッターがたとえ初球を打ったとしても混乱しなくて済む。

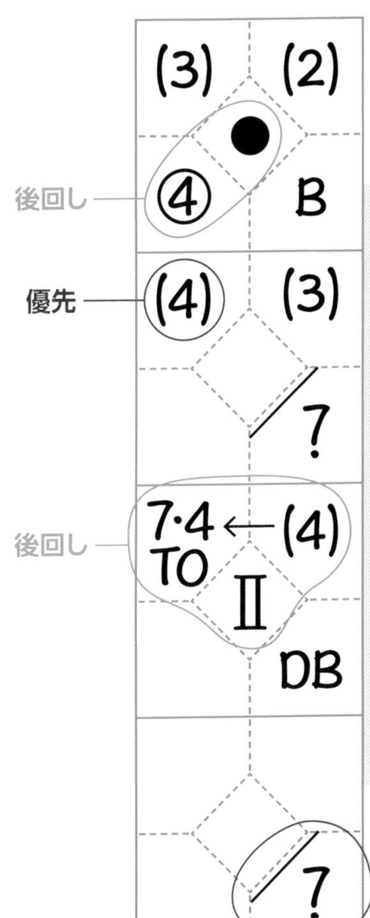

満塁からヒットで一・三塁に

プレイ例 1死満塁で、レフト前にヒット。三塁ランナーが生還。一塁ランナーは二塁をオーバーランして、レフトからの送球でタッチアウト。

記入する順番

まずは打ったランナーと残った三塁ランナーを記入しメモ用紙に7-4と書いておく。時間があれば、まずはオーバーランで刺されたランナーを記入。ホームインした選手のマスは最後でいい。

慣れてきたら試合に参加しよう

試合を特別な場所で見られるのがスコアラーだ

監督やコーチの指示を聞く

監督がサインを出す「エンドラン」や「スクイズ」は、野球のスタンダードな戦術だ。こうしたことはスコアブックには記入しないが、知っていれば野球観戦がもっと楽しくなる。

子どもたちの会話を聞く

子どもたちの応援を聞いていると、友だちの性格もよくわかるようになる。自分の子どもが、意外な一面を見せることもある。ベンチにいるからこそ感じられる特権だ。

チームスコアラーは、監督やコーチ、選手たちに近い位置から試合を見ることができる。少年野球チームのスコアラーにとって、実はこれが一番おもしろいところ。監督やコーチがどんな指示を出しているか。子どもたちはどんな応援をしているか。監督の指示を聞いていると、どんどん野球に詳しくなる。スコアラーをやるからには、そういうことも楽しめるようになりたい。

試合に参加する

スコアブックは、試合中にも活用できる。例えば、右バッターが前の打席でライトへライナーを打っていたら、流し打ちがうまい選手かもしれない。「ライトへ飛んでいるよ」と選手や監督に伝えれば、そちらの打球を予測して守備位置を変えたりできる。

カギとなる選手を見つける

クリーンアップだけ注意すればいいとは限らない。一番バッターが2安打しているとなれば、このバッターがキーマンの可能性が高い。3打席目になればそういう情報を、監督やコーチに伝えてあげられる。

10 BASEBALL SCOREBOOK

一塁ランナーの動きに注目しよう

一塁ランナーは常に視界の端に入れておく

プレイが起きているところを見る

観客ならスタートしたランナーを見るのが自然だ。でもスコアラーは、まだ投球されたボールから目は離さない。バッターが打つか、ストライクかボールか、もしかしたらパスボールやワイルドピッチになるかもしれない。

一塁ランナーを視界の端で見る

バッターを見ながら、視界の端には一塁ランナーを入れておく。こうすれば、ランナーが走ったときに「スタート」とつぶやける。

一塁ランナーの動きには常に注意しよう。盗塁とパスボール、ワイルドピッチが重なったとき、原因を見逃すと記入の仕方が変わるからだ。例えば、キャッチャーが投球をそらす間に二塁へ進んだとき。先にスタートを切っていて、キャッチャーがそらしたのなら盗塁だ。しかし、キャッチャーがそらしたのを見てからスタートしたなら、ワイルドピッチかパスボールになるからだ。

キャッチャーがパスボールしたら…

スタートを切ったのを見ていれば、「S」と記入できる。もし見ていなければ、ランナーの盗塁が記録されない。これはスコアラーにとって致命的なミスだ。

盗塁したランナーだけを見てしまったら…

パスボールかワイルドピッチかの判断ができない。盗塁と合わせて2つ進塁することがある。こうなってしまったら、恥ずかしがっていても仕方がないので、どちらだったか監督かコーチに聞くしかない。

プレイを見落とさないコツ

座り方や身体の角度を変えて見えにくいところも見る

一塁側ベンチからの視界

一塁ランナーとの距離が近いため、バッターを視界の中心に入れると、一塁ランナーが見えにくくなる。少しピッチャー方向へ身体を向けて、ダイヤモンド全体が見えるよううするといい。

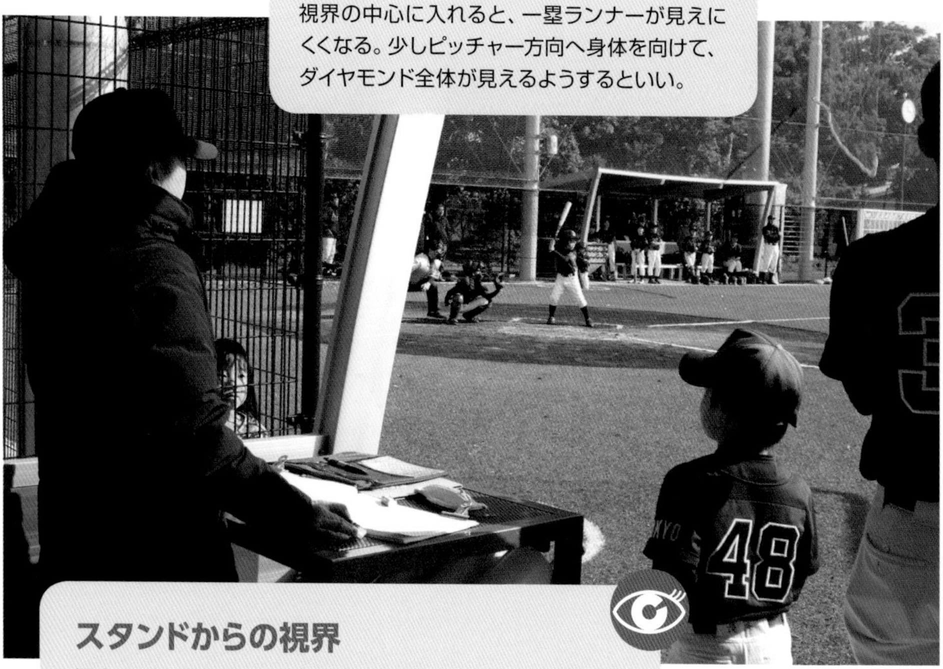

スタンドからの視界

場合によってはスタンドからスコアを付けることがあるかもしれない。上からだとランナーの動きは、手に取るようにわかる。でもピッチャーのボールがバウンドしたかしないかはわかりづらく、ワイルドピッチかパスボールかの判断は難しい。

スコアをつけるときに、グラウンド全体が見やすい位置に座るのが基本だ。ただプレイによっては、見やすいはずだった位置が、かえって見にくくなることもある。そういうときは、身体の向きを変えたり、意識をして視界に入れるようにしたりして、大事なプレイを見逃さないようにする。一塁側ベンチと三塁側ベンチで、視野に違いがあることも知っておこう。

二塁のベースカバー

牽制や盗塁で、二塁へ送球されたときは、必ず「4」か「6」かを確認して、つぶやくようにする。何もなければ問題ないが、エラーが起きてからどちらか思い出すのは難しい。

書ききれないうちに初球打ち

ややこしいプレイがあったときや、複数のマスに記入しなければならないとき、書き終わらないうちに次のバッターが初球打ち。こんなとき、とりあえず進塁したランナーの位置だけは確認して、さっとメモをしておく。打った方向やそのバッターのことは確認できても、進塁してしまったランナーの位置は、思い出しにくいからだ。

監督やコーチの要望に沿う

チームに有効な情報を積極的に取り入れる

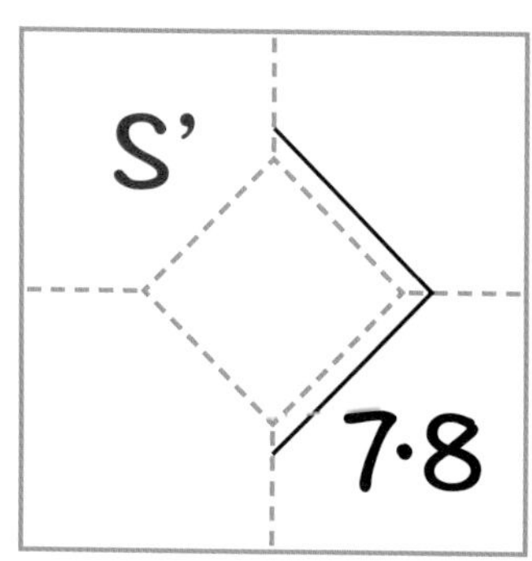

三塁への盗塁は重要

二塁への盗塁は、ある程度足が速ければ成功させられるが、三盗は誰でも成功できるものではない。こういう珍しいプレイは、目立つように記入する工夫をしてもいい。

エラーとフィルダースチョイス

内野手がちょっとファンブルして、一塁がセーフになった。プロ野球ならエラーが考えられるが少年野球のスコアならヒットとつけることもできる。フィルダースチョイスも同じ。学年にもよるが、こうしたプレイをどちらとするか境界線を決めておく。

※ファンブルとは一度キャッチしたボールを落としたり、握りそこねたりすること。

チームのスコアは、最終的に次の試合や練習に生かさなければ意味はない。そこで監督やコーチの考えを知って、どういうスコアが必要とされているのか、どうやって記入すれば、より役立てられるのかを話し合うことも大事になる。またチームのオリジナリティを出すのもおもしろい。そのために吹き出しやメモを活用して、見直したときに役に立つスコアブックを目指そう。

33 Ⅱ 8
39 Ⅲ 8 ファインプレイ!
32 Ⅰ 5-3

吹き出しを入れる

スコアブックではフライはすべて「⌒」だが、スライディングキャッチしたりしたものには「ファインプレイ!」といった吹き出しを入れておいてもいい。逆に「凡ミス」といったものもアリだ。

		氏　名	勝負	セーブ	投球回数		打者	打数	投球数	安打	本塁
投手	先発	渡邉			5	/3	19	18	64	3	0
	2	松村			2	/3	9	7	30	1	0
	3					/3					
	4					/3					
	5					/3					

投球数は重要さが増している

球数制限が議論されていて、投球数はこれからさらに重要度を増してくる。スコアと同時が難しいなら、コーチに代行してもらうなど、「いま何球か」はいつでも確認できるようにしたい。

試合中、公式記録員は何を見ているのか!?

以前こんな場面がありました。2死満塁からピッチャーがデッドボールを与えました。得点したチームは喜ぶところですが、危険な球だったこともあって、乱闘に発展します。もちろんランナーはそれぞれ進塁しますが、おそらく球場のすべての人が乱闘にくぎ付けになっていたはずです。

でも公式記録員である私が見ていたのは、三塁ランナーはちゃんとホームベースを踏むかどうか。もし乱闘のどさくさでホームベースを空過していて、守っているチームのアピールプレイがあったら、ランナーはアウト。点は入らず、チェンジです。公式記録員をやっていると、いつの間にかこうした独特な視点で野球を見られるようになります。

そしてまた、別の試合を見ると、新しい発見がある。だから公式記録員を10年以上やってきた今も、球場に行くのが楽しみです。

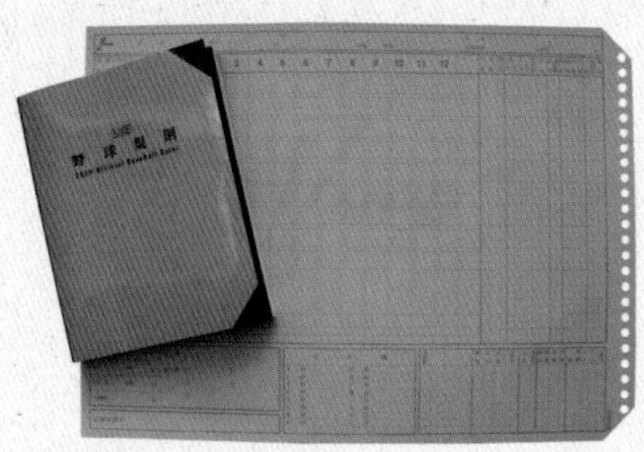

6章

スコアブックの記録の実践

この章では、学童野球の頂点「高円宮賜杯全日本学童軟式野球大会」のスコアを紹介する。イレギュラーなプレイがないので、とてもつけやすい。手始めに記入練習するのに最適だ。

《先攻用》

2019年 8月 24日	試合開始 8時55分	球場状態	多賀 少年野球クラブ 対 茎崎 ファイターズ	主審	石丸	線審	㊧	放送者
球場 神宮	試合終了 10時30分	天候・風向		塁審	① 渡辺 ② 江本 ③ 大野		㊨	記録者
	所用時間 1時間35分	観衆						

打順	先発	シート	先攻 多賀	背番号	1	2	3	4	5	6	7	8	9	10	11	12	打席数	打数	得点	単打	二塁打	三塁打	本塁打	塁打数	得点打	盗塁	盗塁刺	犠打	犠飛	四死球	三振	残塁
1	1	6	辻	10	I 6-3			(3) (2) ● ④ /7		(2) BK ● ③ /7							3	下	T	T				2								
2	5		高田	3	ST2-4TO II /8			(4) (3) ○ (5) B		I 5-3							3	T	一	一				1			一			一		
3	2		坊野	2	III 8 ∥			I 2-3		II 5-3							3	T							一			一				
4	6	1	藤内	1		I 5-3		II 6-3		III 5-3 ∥							3	下							一							
5	9	7	大塚	5		II 6		ℓ↑ 5E-3			I 4						3	下														一
6	8		甲斐	8		III 7 ∥		III 1-3 ∥			II 4-3						3	下														
7	3		藤濱	0			I 7		I 1-3		III 6-3 ∥						3	下														
8	4		土橋	20			II 4		II 1								2	T														
	9(7回)		矢須田	7													0															
9	7	4	疋田	6			III 7 ∥		III 4 ∥								2	T														

P 岡野碧（6回）

合計		1	2	3	4	5	6	7	8	9	10	11	12																
安打 四球 失策		1 0 0	0 0 0	0 0 0	1 1 1	0 0 0	1 0 0	0 0 0						25	23	3	3	0	0	0	3	2	0	1	1	0	1	0	1
得点		0	0	0	2	0	1	0																					
投球数		9	11/20	9/29	23/52	11/63	8/71 ∥ 6	6/12																					

投手	氏名	勝負	セーブ	投球回数	打者	打数	投球数	安打	本塁打	犠打	犠飛	四球	死球	三振	暴投	ボーク	失点	自責点
先発	辻			5 /3	19	18	74	2	0	0	0	1	0	4	0	0	1	0
2	藤内			2 /3	9	7	30	1	0	0	0	1	1	1	0	0	0	0
3				/3														
4				/3														
5				/3														
6				/3														

捕手 氏名	逸球	打撃妨害	許盗塁	盗塁刺
坊野			2	

長打 氏名	二塁打	三塁打	本塁打

《後攻用》

チーム名	監督名	1	2	3	4	5	6	7	8	9	10	11	12	合計	MEMO
多賀少年野球クラブ		0	0	0	2	0	1	0						3	
苳崎ファイターズ		0	0	1	0	0	0	0						1	

打順	シート 先発	後攻 苳崎	背番号	1	2	3	4	5	6	7	8	9	10	11	12
1	2	中村	2	Ⅰ 7		ℓ (2) 1B		Ⅲ K	P藤内	Ⅲ 7					
2	7	水瀬	17	Ⅱ 1-3		ℓ/9			Ⅰ 6						
3	4	安斎	4	Ⅲ K		Ⅲ 8			Ⅱ K						
4	6	高島	10		Ⅰ 5-3		Ⅰ 1TO		Ⅲ 8						
5	3	橋本	3		Ⅱ 5-3		Ⅱ K								
	H	岡野 煌	6						H	Ⅰ 7					
6	1 5	櫻井	5		Ⅲ 5-3		Ⅲ 8			(9) ℓ 7					
7	5 8	塚本	8			Ⅰ 7		Ⅰ 5-3		Ⅱ 3					
8	8 9	田中	1			Ⅱ 8		2-4* 8-5 S' ℓ/8		(9) ℓ B					
9	9	七村	16			S' ② 4E		Ⅱ K		ℓ DB	R後藤				
	1(6回)	岡野 碧	15												
	H	染谷	7						H						
	R	後藤	9												
合計	安打・四死球・失策			0 0 0	0 0 0	1 1 1	0 0 0	1 0 0	0 0 0	1 2 0					
	得点			0	0	1	0	0	0	0					
	投球数			14	10/24	24/48	8/56	18/74	12	18/30					

選手	打席数	打数	得点	単打	二塁打	三塁打	本塁打	塁打数	得点打	盗塁	盗塁刺	犠打	犠飛	四死球	三振	残塁
中村	4	下												一	一	一
水瀬	3	下		一				1	一							一
安斎	3	下													T	
高島	3	下														
橋本	2	T													一	
岡野 煌	1	一														
櫻井	3	下		一	一			2								一
塚本	3	下														
田中	3	T		一				1		一				一		T
七村	2	T	一							一					一	
岡野 碧	0															
染谷	1													一		
後藤	0															一
合計	28	25	1	3	1	0	0	4	1	2	0	0	0	3	5	6

投手	氏名	勝負	セーブ	投球回数	打者	打数	投球数	安打	本塁打	犠打	犠飛	四球	死球	三振	暴投	ボーク	失点	自責点
先発	櫻井			5 1/3	20	18	71	3	0	1	0	1	0	0	0	1	3	2
2	岡野 碧			1 2/3	5	5	12	0	0	0	0	0	0	0	0	0	0	0
3				/3														
4				/3														
5				/3														
6				/3														

捕手 氏名	逸球	打撃妨害	許盗塁	盗塁刺
中村				1

長打	二塁打	三塁打	本塁打
氏名	櫻井		

試合を記録しよう

実際の試合を観ながらスコアの書き方を学ぼう

野球少年にとっての甲子園。それが「高円宮賜杯全日本学童軟式野球大会」だ。地区大会に出場するのは、なんと12,000チーム! 地区大会を勝ち上がったチームは、さらに 都道府県大会を戦い、そこで代表権を勝ち取ったチームだけが出場できる。お父さんやお母さんたちにとっても、憧れの大舞台。神宮球場でプレイするわが子を、スタンドから応援するのを夢見る。ここでは、多賀少年野球クラブと茎崎ファイターズが対戦した決勝戦のスコアを使って、実戦的なスコアのつけ方を解説していこう。YouTubeで動画が見られるので、スコア記入の最終確認&実戦練習に活用してほしい。

下のQRコードにスマホをかざしてアクセスするだけ。
※通信料がかかります。

試合記録の解説

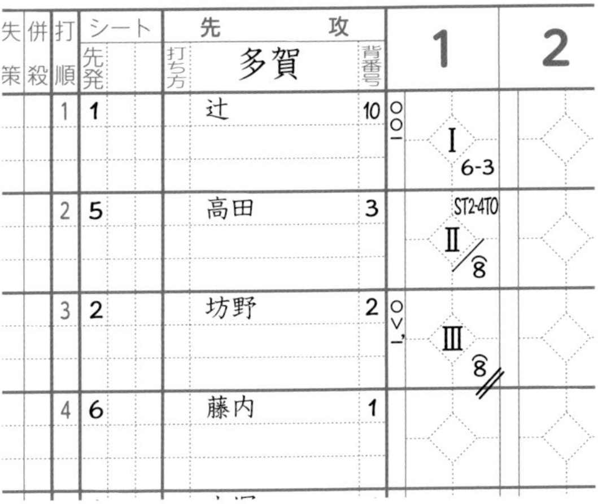

失策	併殺	打順	シート 先発	打ち方	先攻 多賀	背番号	1	2
		1	1		辻	10	○○| Ⅰ 6-3	
		2	5		高田	3	ST2-4TO Ⅱ ⁄8	
		3	2		坊野	2	○∨ Ⅲ 8 //	
		4	6		藤内	1		

1回表

多賀少年野球クラブの攻撃

❶一番／辻／ショートゴロ／一塁に送球／1アウト
❷二番／高田／センター前ヒット／ランナー一塁
❸3球目に高田が盗塁／キャッチャーからセカンドへ送球／2アウト
❹三番／坊野／センターフライ／3アウト

チェンジ

1回裏

茎崎ファイターズの攻撃

❶一番／中村／レフトフライ／1アウト
❷二番／水瀬／ピッチャーゴロ／一塁に送球／2アウト
❸三番／安斎／空振り三振／3アウト

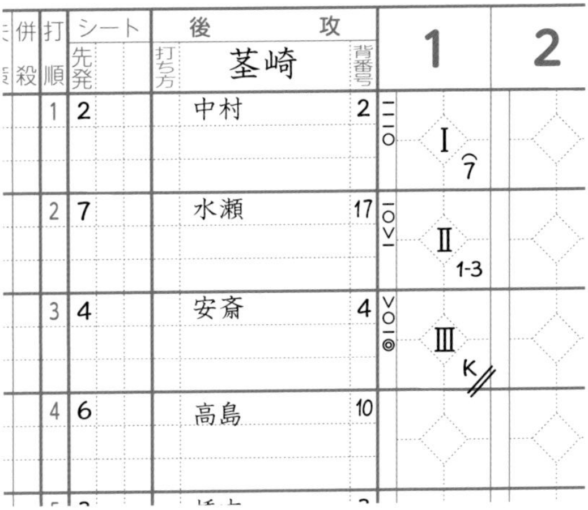

失策	併殺	打順	シート 先発	打ち方	後攻 茎崎	背番号	1	2
		1	2		中村	2	Ⅰ 7	
		2	7		水瀬	17	Ⅱ 1-3	
		3	4		安斎	4	Ⅲ K //	
		4	6		高島	10		

チェンジ

4	6	藤内	1	○	Ⅰ 5-3
5	9	大塚	5	∨∨∨∨∨	Ⅱ 6
6	8	甲斐	8	∨	Ⅲ 7
7	3	藤濱	0		

2回表

多賀少年野球クラブの攻撃

❶四番／藤内／サードゴロ／一塁に送球 1アウト
❷五番／大塚／ショートライナー／2アウト
❸六番／甲斐／レフトフライ／3アウト

2回裏 3回表 無得点

3回裏

荃崎ファイターズの攻撃

❶七番／塚本／レフトフライ／1アウト
❷八番／田中／センターフライ／2アウト
❸九番／七村／セカンドゴロエラー／ランナー一塁
❹2球目に七村が盗塁／成功／ランナー二塁
❺一番／中村／故意四球／ランナー一二塁
❻二番／長瀬／ライト前ヒット
❼七村がホームイン／非自責点
❽中村が二塁へ／ランナー一二塁
❾三番／安斎／センターフライ／3アウト

7	5 8	塚本	8		Ⅰ 7
8	8 9	田中	1	ー∨ ー∨ ○∨ ー∨ ○∨	Ⅱ 8
9	9	七村	16	ー ー ○	S' ○ ② 4E

打順	シート 先発	打ち方	後攻 荃崎	背番号		3
1	2		中村	2	ー ー ○	○ ー (2) ℓ 1B
2	7		水瀬	17	ー ○ ∨ ー	◎ ー ℓ 9
3	4		安斎	4	∨ ○ ◎	○ ∨ Ⅲ 8

チェンジ

試合記録の解説

打順	シート	先攻 多賀	背番号	4
1	1	辻	10	(3) (2) ● ④ 7
2	5	高田	3	(4) (3) ○ (5) B
3	2	坊野	2	Ⅰ 2-3
4	6	藤内	1	Ⅱ 6-3
5	9	大塚	5	ℓ ↑ 5E-3
6	8	甲斐	8	Ⅲ 1-3

4回表

多賀少年野球クラブの攻撃

❶一番／辻／レフト前ヒット／ランナー一塁
❷二番／高田／四球
❸辻が二塁へ／ランナー一·二塁
❹三番／坊野／送りバント／キャッチャーが捕って一塁へ送球／1アウト
❺辻が三塁へ
❻高田が二塁へ／ランナー二三塁
❼四番／藤内／ショートゴロ／一塁へ送球／2アウト
❽辻がホームイン／自責点
❾高田が三塁へ／ランナー三塁
❿五番／大塚／サードゴロ／一塁へ悪送球／二塁へ
⓫高田がホームイン／非自責点／ランナー二塁
⓬六番／甲斐／ピッチャーゴロ／一塁へ送球／3アウト

チェンジ

4回裏

茎崎ファイターズの攻撃

❶四番／高島／ピッチャーゴロ／ピッチャーが捕ってそのままタッチ／1アウト
❷五番／橋本／見逃し三振
❸六番／櫻井／センターフライ／3アウト

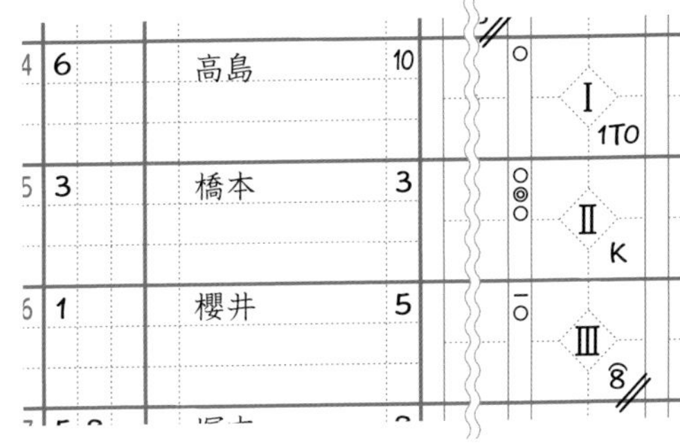

5回裏 無得点

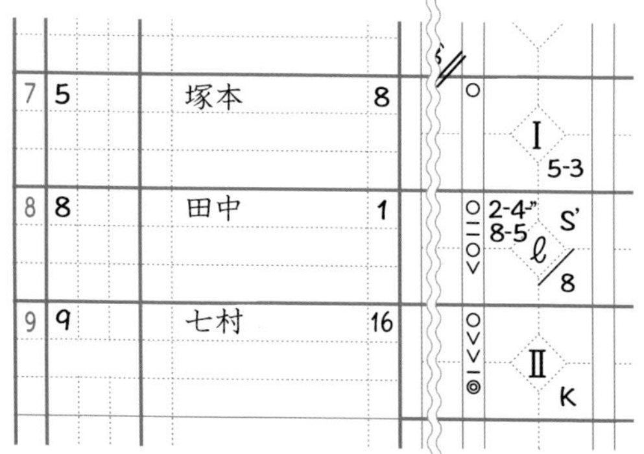

打順	シート 先発	打ち方	後攻 茎崎	背番号	5
1	2		中村	2	Ⅲ K
2	7		水瀬	17	

5回裏

茎崎ファイターズの攻撃

❶七番／塚本／サードゴロ／一塁へ送球／1アウト

❷八番／田中／センター前ヒット／ランナー一塁

❸九番／七村／空振り三振／2アウト

❹1球目に田中が盗塁／成功／ランナー・二塁

❺4球目。二塁ランナーの離塁が大きいと判断したキャッチャーが牽制。その間に三塁へ

❻一番／中村／空振り三振／3アウト

チェンジ

6回表

多賀少年野球クラブの攻撃

❶一番／辻／レフト前ヒット／ランナー一塁

❷牽制がボーク／辻が二塁へ／ランナー二塁

❸二番／高田／サードゴロ／一塁へ送球　1アウト

❹辻が三塁へ／ランナー三塁

❺茎崎ファイターズ／ピッチャー交代／岡野碧

❻三番／坊野／サードゴロ／一塁へ送球　2アウト

❼辻がホームイン／自責点

❽四番／藤内／サードゴロ／一塁へ送球　3アウト

打順	シート 先発	打ち方	先攻 多賀	背番号	6	7
1	1		辻	10	(2) BK' ● ③ /7	
2	5		高田	3	Ⅰ 5-3	
					P 岡野碧	
3	2		坊野	2	Ⅱ 5-3	
4	6		藤内	1	Ⅲ 5-3	
5	9		大塚	5		

チェンジ

試合記録の解説

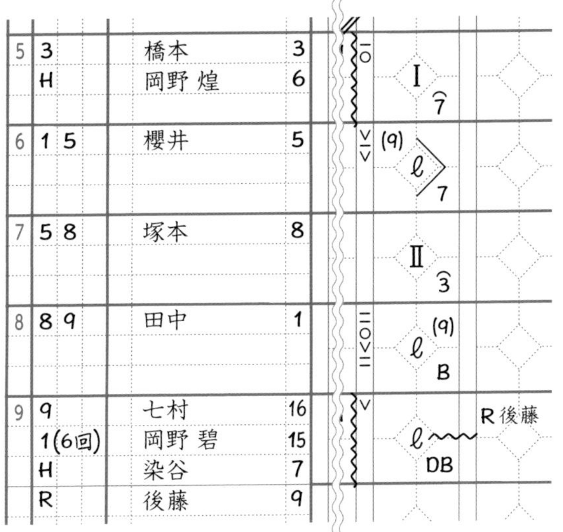

打順	シート 先発	打ち方	後攻 茎崎	背番号	7	8
1	2		中村	2	Ⅲ 7	

7回 裏

茎崎ファイターズの攻撃

❶五番/橋本にピンチヒッター岡野煌/レフトフライ/1アウト
❷六番/櫻井/レフトへツーベースヒット　ランナー・二塁
❸七番/塚本/ファーストフライ/2アウト
❹八番/田中/四球/ランナー・一二塁
❺九番/岡野 碧にピンチヒッター染谷/デッドボール
❻櫻井が三塁へ
❼田中が二塁へ/ランナー満塁
❽一塁にピンチランナー後藤
❾一番/中村/レフトフライ/3アウト

〈投手欄〉

	氏名	勝負	セーブ	投球回数	打者	投	三振	暴投	ボーク	失点	自責点
先発	辻			5 /3	19		4	0	0	1	0
2	藤内			2 /3	9		1	0	0	0	0

投手交代
上から順番に名前を記入する。

投球内容
投手交代後か試合後に記入する。

〈名前と右の欄〉

打順	シート	氏名	背番号	打席数		
9	9	七村	16	2	T	—
	1(6回)	岡野 碧	15	0		
	H	染谷	7	1		—
	R	後藤	9	0		—

代打・代走
交代した順番に上から名前を記入する。代走や守備交代で打席に立たなかったときは打席数の欄に「0」を記入する。

スコアブック記号一覧表

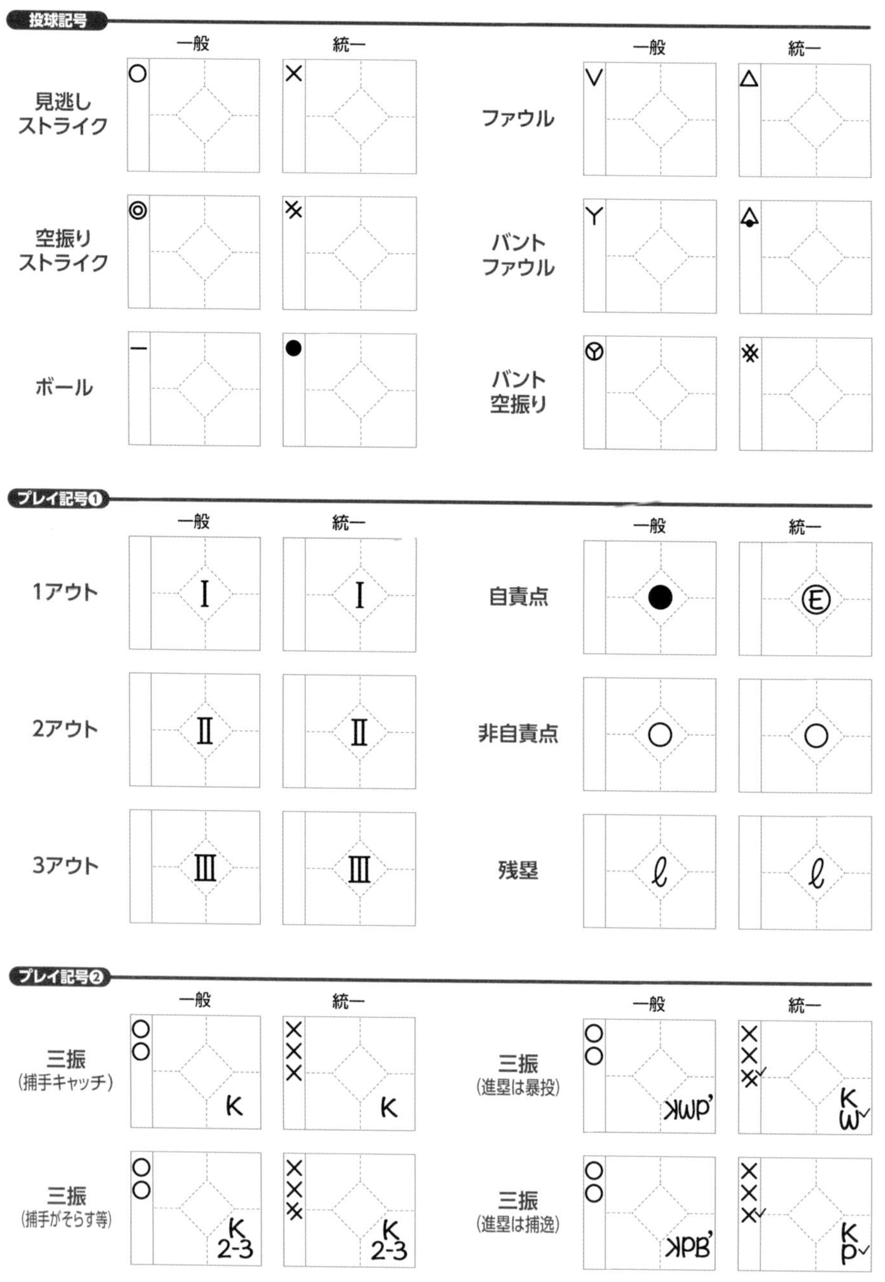

※カウントは一般的には三振目は記入しない。統一は三振目も記入する。

本書でも解説している現状一般的な記号一覧表に加え、
全日本野球協会（BFJ）で統一化を進めている記号を一覧で紹介します。

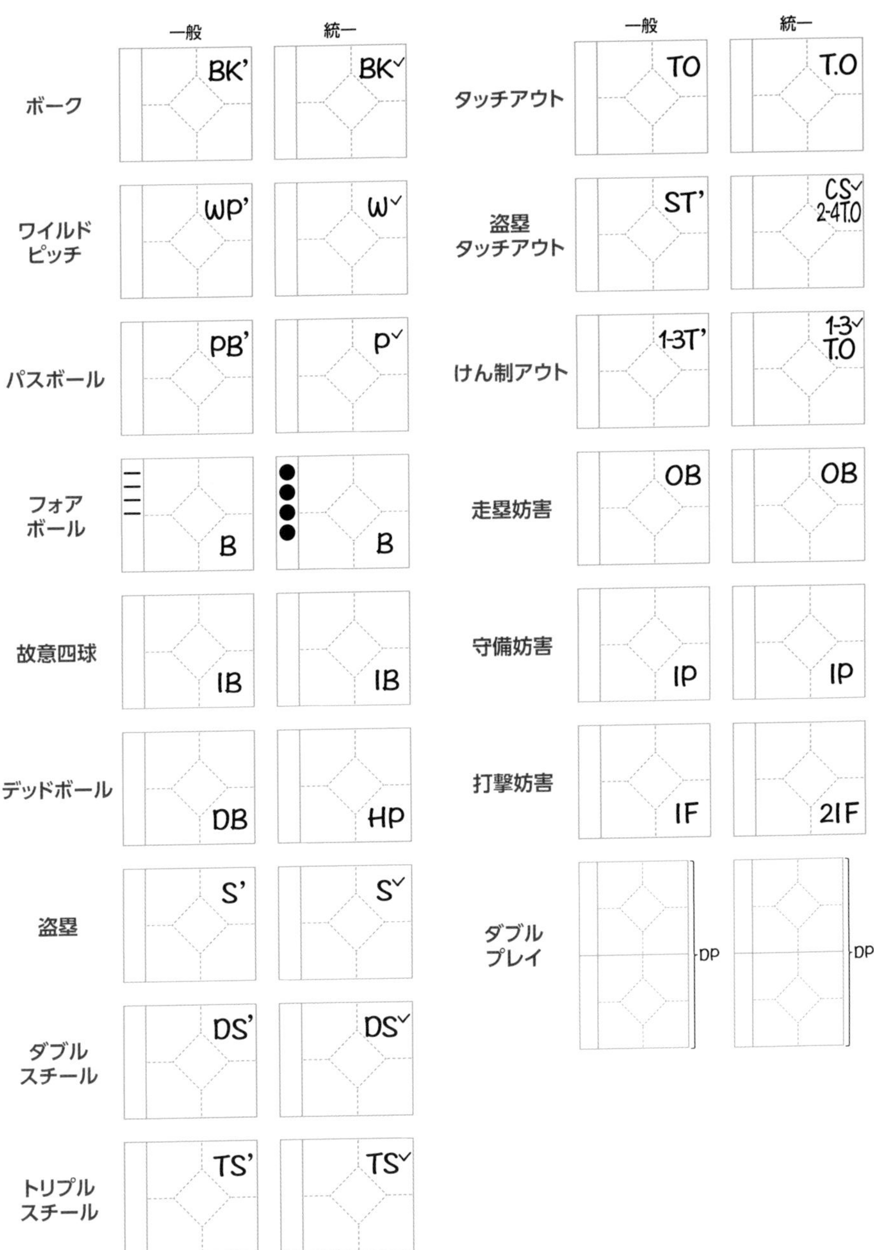

プレイ記号③

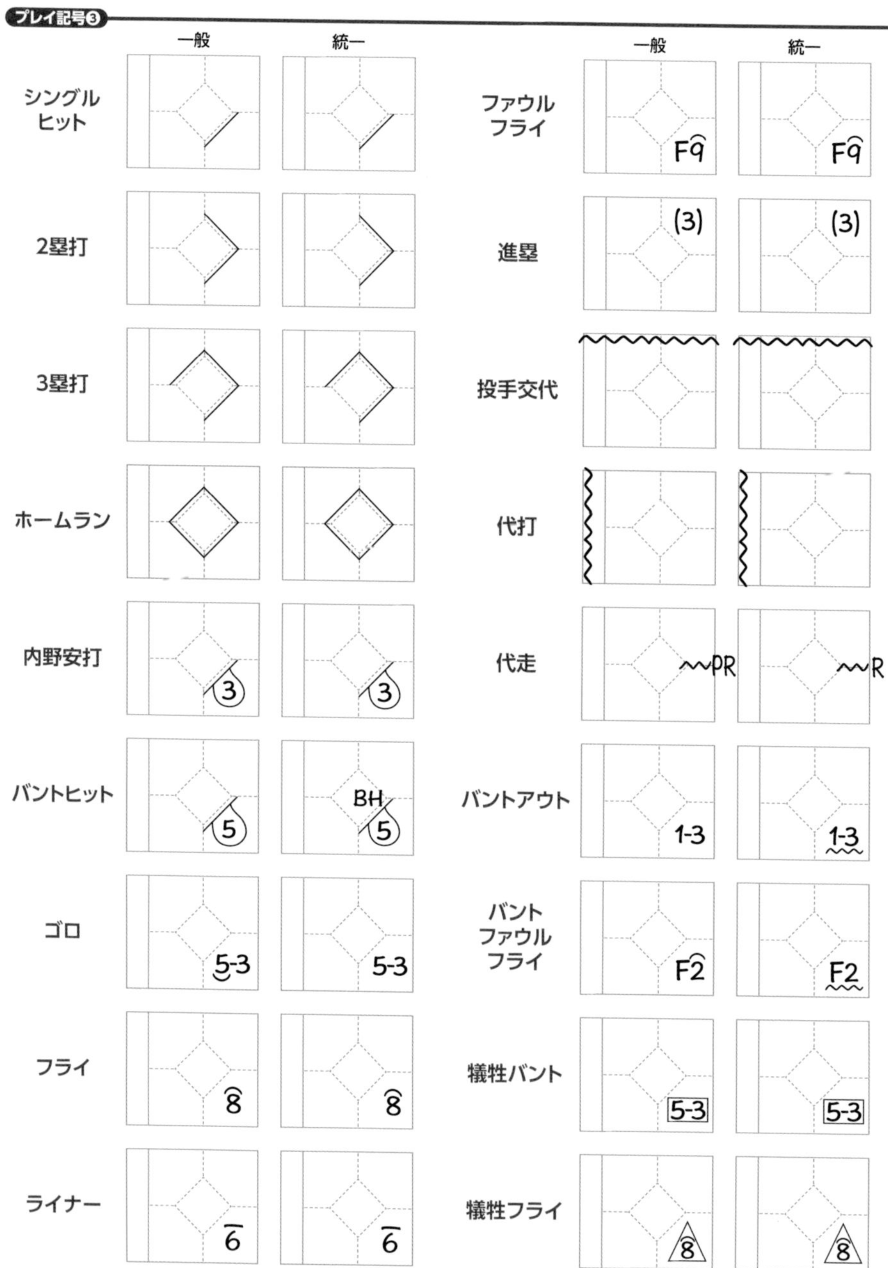

一般
統一
シングル
ヒット
2塁打
3塁打
ホームラン
内野安打
3
バントヒット
5
BH
ゴロ
5-3
フライ
8
ライナー
6
ファウル
フライ
F9
進塁
(3)
投手交代
代打
代走
PR
R
バントアウト
1-3
バント
ファウル
フライ
F2
犠牲バント
5-3
犠牲フライ
8

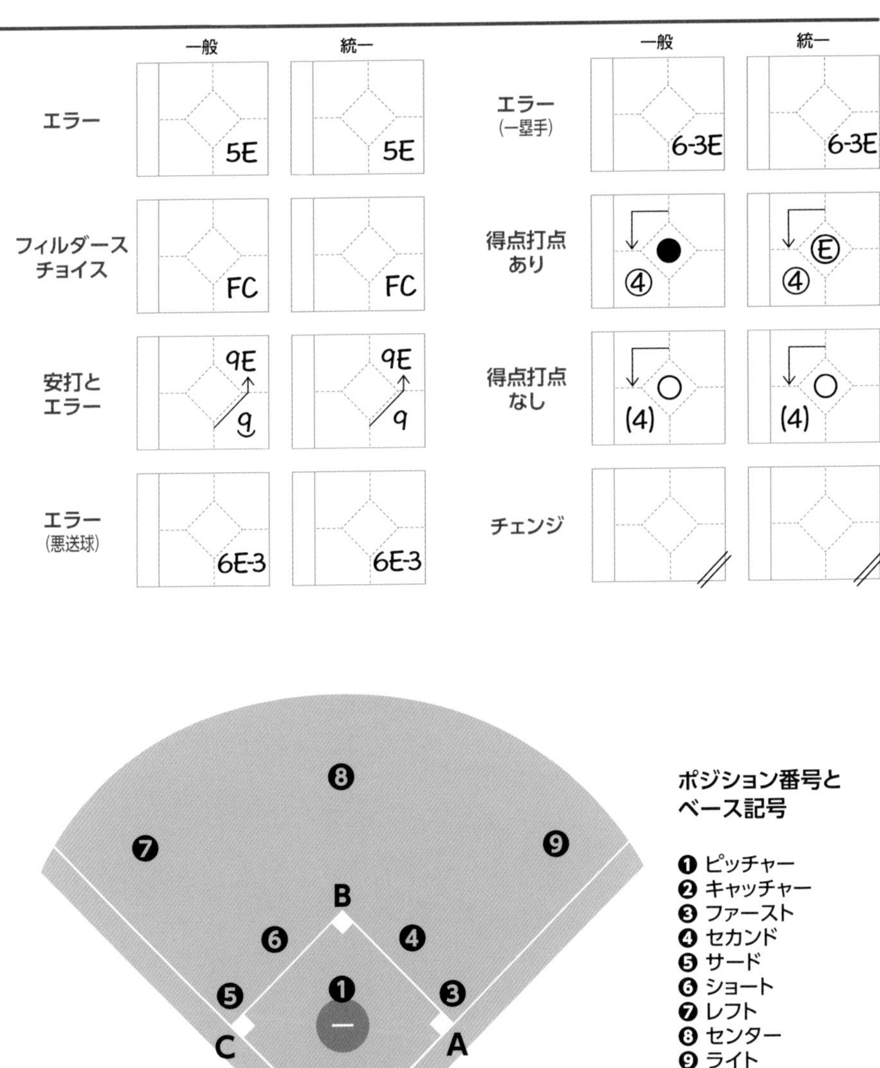
一般
統一
エラー
5E
5E
フィルダース
チョイス
FC
FC
安打と
エラー
9E
9
9E
9
エラー
(悪送球)
6E-3
6E-3
一般
統一
エラー
(一塁手)
6-3E
6-3E
得点打点
あり
④
Ⓔ
④
得点打点
なし
(4)
(4)
チェンジ
ポジション番号と
ベース記号
❶ ピッチャー
❷ キャッチャー
❸ ファースト
❹ セカンド
❺ サード
❻ ショート
❼ レフト
❽ センター
❾ ライト
H 本塁
A 一塁
B 二塁
C 三塁

索引

ナ行

ハ行

マ行

ヤ行

ラ行

ワ行

31

おわりに

本書を読んでいただき、ありがとうございました。

様々な記入方法やルールを紹介してきましたが、すべてを覚える必要はありません。実際に試合でスコアを書くとなると、「どうやって書くんだっけ」、となる場面もあるかと思いますが、そんなときに「そういえばあの本にこんなことが書いてあったな」と思い出していただき、プレイが止まったときにでもめくっていただけたらと思います。

私は、今でこそプロ野球の公式記録員としてスコアを書くことを仕事としていますが、その原点は中学生のときに野球部に所属していて、試合に出場しないときは監督の横に座り、スコアを書いていました。今でもそのスコアを保管していますが、たまに見返してみると、それは当然、文字と記号の羅列でしかないにも関わらず、まるで映像を見ているかのようにプレイを思い出すことができます。それはスコアを書くために、ただ試合を観るよりも真剣に観るからでしょう。

本書を読んで、お子様の少年野球の試合のスコアを書くという方も多いと思いますが、何年たってもスコアを見直すことでお子様のプレイを鮮明に思い出すことができるならば、それは素敵なことだと思いませんか。そんな素敵な体験に本書を通じて少しでも手助けできたら幸いです。

それでは、本書を持ってグラウンドへ行き、実際にスコアを書いてみましょう。慣れないうちは戸惑うこともあるとは思いますが、その試合のスコアラーを任されたからには、スコアに関するすべての権限を持つと認識し、自信を持って臨みましょう。そして、上達のためにはとにかく数多くの試合を経験することです。

最後に、今日では野球人口の減少が顕著と言われています。野球は難しいと言われる反面、選手はもちろんのこと、審判員、記録員それぞれに奥深さがあります。私は公式記録員という立場から、スコアブックに携わることで、野球に興味を持つ方が1人でも多く増えていったらと願っています。

NPB公式記録員　**伊藤 亮**

◎監修　**一般社団法人日本野球機構**

一般社団法人日本野球機構（NPB）は1936年に任意団体として創設され、現在ではプロ野球12球団を会員とする法人であり、主に下記の事業を行っている。

- プロ野球公式戦の開催実施支援（日程編成、審判員・記録員の派遣など）
- プロ野球日本シリーズ、オールスターゲーム、ドラフト会議などの主催、運営
- 各種野球振興事業の推進、支援
- 侍ジャパン事業の推進、支援
- 公式記録管理システムの運用（記録データベース化、配信提供）
- 野球規則の制定および野球技術の研究等